ESPAÑOL SIN FRONTERAS
1
CUADERNO DE EJERCICIOS

Jesús Sánchez Lobato
Concha Moreno García
Isabel Santos Gargallo

SOCIEDAD GENERAL ESPAÑOLA DE LIBRERÍA, S.A.

Primera edición en el 2000
Segunda edición en el 2001

Nueva edición ampliada, con ejercicios orales

Producción: SGEL - Educación
Avda. Valdelaparra, 29.
28108 ALCOBENDAS (MADRID)

© Jesús Sánchez Lobato, Concha Moreno García, Isabel Santos Gargallo, 1998
© Sociedad General Española de Librería, S.A., 1998
Avda. Valdelaparra, 29. 28108 ALCOBENDAS (MADRID)

No está permitida la reproducción total o parcial de este libro, ni su tratamiento informático, ni la transmisión de ninguna forma o por cualquier medio, ya sea electrónico, mecánico, por fotocopia, por registro u otros métodos, sin el permiso previo y por escrito de los titulares del copyright.

Cubierta: Carla Esteban.
Ilustraciones: Carlos Molinos.
Fotografías: Archivo SGEL
Maquetación: Susana Belmonte

ISBN: 84-7143-812-7
Depósito legal: M. 2.328 - 2001
Impreso en España. Printed in Spain

Composición: Susana Belmonte.
Impresión: Sittic, S.L.
Encuadernación: Rústica Hilo, S.L.

CONTENIDO

UNIDAD 1 CONOCIENDO GENTE

1. Escucha y escribe los nombres debajo de los dibujos correspondientes.

2. Escucha y completa la información:

1. ▷ .... ¿.............................. Clemente?
   ○ ....
   ▷ .... Alicia Gutiérrez y .... del señor López.
   ○ ....
   ▷ ....

2. ▷ ¿Hablas ....?
   ○ Sí, ...; tú ...., no?
   ▷ Sí, pero ....
   ○ ¡........................! Hablas ....

3. Deletrea y dicta a tu compañero(a) los siguientes nombres.

ALUMNO A	ALUMNO B
1. Arantxa Sánchez Vicario (tenista).	1. ....
2.	2. Miguel Induráin (ciclista).
3. Jorge Sanz (actor).	3. ....
4.	4. Amaya Arzuaga (diseñadora de moda).

4. Completa los diálogos con alguna de las frases del recuadro.

A. Es el responsable de IBM en esta zona.

B. ¡Perfecto!

C. Perdona, ¿puedes deletrearlo?

D. ¡Hola! Me llamo Dario.

E. Hasta el jueves, señora Chacón.

F. Sí, pero no muy bien.

1. ▷ ¿Hablas inglés, Antonio?
○ ......F......

2. ▷ ¿Qué tal el curso de español?
○ ......B......

3. ▷ ......D......
○ ¿Qué tal, Dario? Yo me llamo Clarisse.

4. ▷ ¿Quién es el señor Velázquez?
○ ......A......

5. ▷ ......E......
○ Sí, eso es, hasta el jueves.

6. ▷ Buenos días, me llamo Liisa Seppälä.
○ ......C......

5. En casa o con tu compañero(a) escribe los nombres de las nacionalidades correspondientes a estos países:

Argentina ....
Uruguay ....
Puerto Rico ....
Cuba ....
Honduras ....
Panamá ....
Bolivia ....
Venezuela ....
Ecuador ....
Guatemala ....
Chile ....
Costa Rica ....
Nicaragua ....
Perú ....
Colombia ....
El Salvador..................
México ....
República Dominicana ....
Paraguay ....

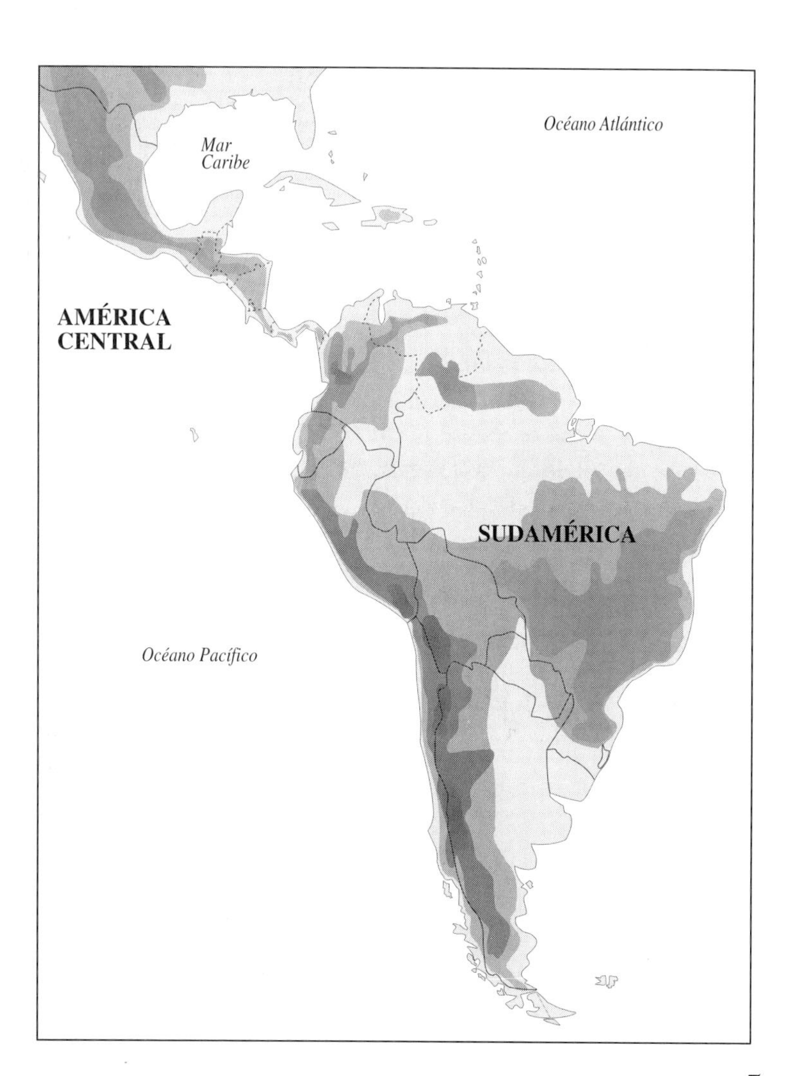

6. Conjuga en presente estos verbos:

	Yo	Tú	Él/Ella/ Usted	Nosotros/as	Vosotros/as	Ellos/Ellas/ Ustedes
SER						
ESTUDIAR						
LLAMARSE						
TRABAJAR						
DEDICARSE A						
PRESENTAR						

Y ahora, con los verbos anteriores, completa:

1. ▷ ¿A qué .... Gloria Estefan?
○ .... cantante.

2. ▷ ¿(Vosotros) .... españoles?
○ No, yo .... griego.
□ Y nosotras .... italianas.

3. ▷ Mi profesor .... Jaime, ... colombiano y (nosotros) .... mucho con él.
○ Pues mi profesora .... española, ... Alicia y .... estupenda.

4. ▷ ¿Cómo .... los de Salamanca?
○ Salmantinos.
▷ ¿Y los de Argentina?
○ ....

5. ▷ ¿Qué .... (vosotros)?
○ Yo .... medicina.
□ Y yo, informática.

6. ▷ ¿Vosotras .... amigas?
○ Sí .... en la misma universidad.

7. ▷ Y ustedes, ¿a qué .... ?
○ Yo .... en una empresa de exportación.
□ Yo, también.

8. ▷ Buenos días, le .... al señor Valcárcel.
○ Mucho gusto, señor Valcárcel.

7. Haz la pregunta correspondiente:

1. ▷ ¿Como se llama?
   ○ Peter Vandoren.
2. ▷ ¿Donde Eres?
   ○ De Amsterdam.
3. ▷ ¿Hablas?
   ○ Sí, un poco.
4. ▷ ¿Donde trabajo?
   ○ Trabajo en una agencia de viajes.
5. ▷ ¿............................?
   ○ Sí, soy yo.
6. ▷ ¿Como Estas?
   ○ Muy bien , gracias.

8. Contesta:

1. ▷ ¿Qué tal? ¿Cómo está?
   ○ Bien y tu
2. ▷ ¿Qué tal las clases?
   ○ Bien, perfecto
3. ▷ ¿Quién es Juan Carlos I?
   ○ El Rey de España
4. ▷ ¿De dónde es tu profesor(a)?
   ○ El es en la classe
5. ▷ Yo soy española, ¿y usted?
   ○ Soy Inglesa.
6. ▷ ¿Qué idiomas hablas?
   ○ Solo dos.

9. Dinos el plural de las siguientes palabras:

1. estudiante	Estudiantes
2. profesor	Profesores
3. japonés	japonéses
4. brasileña	Brasilenas
5. directora	directoras
6. príncipe	principes

10. ¿Cómo es el femenino de estas palabras?

1. portugués	Portuguesa
2. actor	actora
3. cantante	Cantanta
4. periodista	Peridista
5. escritor	Escritora
6. marroquí	Marroquia

11. En esta lista de cosas hay algunas que normalmente no encontramos en un aeropuerto. ¿Cuáles?

un ascensor
una escalera mecánica
sobres
un horno
una sala de espera
una maleta
una cabina de teléfono
plantas
un saco de dormir
palos de golf
una parada de taxis
una cama de matrimonio

12. Ahora, clasifica las palabras:

	Singular	Plural
Masculino	*un horno*	*sobres*
Femenino	*una escalera*	*plantas*

13. Y, para terminar, haz frases muy fáciles.

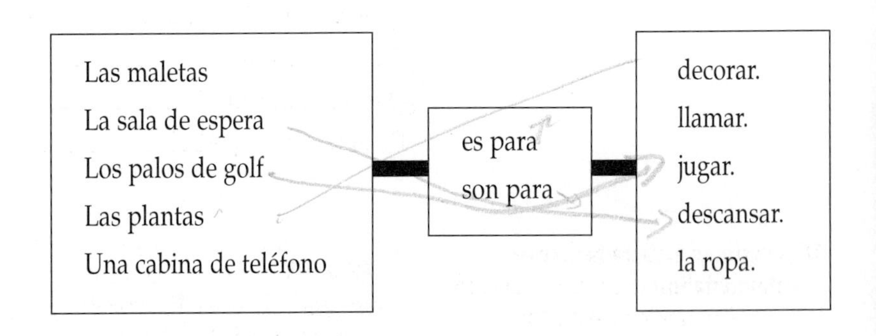

14. Siguiendo el modelo del ejercicio anterior, ¿podéis inventar uno?

15. Pregunta / contesta a tu compañero(a).

¿Dónde trabajan

los/las electricistas?
los/las periodistas?
los/las tenistas?
los/las dentistas?
los/las economistas?

En

la calle.
una consulta.
las casas.
una cancha deportiva.
una oficina.

16. Lee este pequeño texto:

No soy de aquí
ni soy de allá;
no tengo edad
ni porvenir
y ser feliz es mi color
de identidad.

Ahora, completa estos diálogos:

▷ ¿Qué edad tienes?
○ Tengo ....
▷ Y... ¿tu compañero(a)?
○ ....
▷ ¿De dónde eres?
○ ....
▷ ¿Y... él / ella?
○ ....

17. Lee este texto y adivina los datos "ocultos".

Es ecuatoriano. Se llama como el Rey de España y se apellida como un famoso cantante de ópera español. Trabaja con la madera. Habla dos idiomas; uno de ellos se habla también en la Península Ibérica y en otro país de Sudamérica de donde es su padre.

Y ahora, ¿puedes contestar a estas preguntas?

¿Es hombre o mujer? ____________________
¿Cómo se llama? ____________________
¿Cómo se apellida? ____________________
¿Cuál es su país? ____________________
¿A qué se dedica? ____________________
¿Qué idiomas habla? ____________________
¿De dónde es su padre? ____________________

18. Escribe un anuncio breve para encontrar un intercambio. Aquí tienes un ejemplo:

¡Hola! Me llamo Erica Jung, soy alemana y estudio español para ser intérprete. Mis aficiones son nadar, pasear, hablar con mis amigos y con gente amable. Busco una persona interesada en un intercambio español - alemán.
Llamar al 609 32 47 10.

Y ahora, tú.

UNIDAD 2 ¿DÓNDE ESTÁ?

1. Escucha y escribe los números de teléfono:

Internacional ____________

Información ____________

Información internacional ____________

Guardia Civil ____________

Policía ____________

2. Aquí tienes un sobre con el nombre y la dirección. Escucha la información y escribe los otros sobres:

D.: don
Dña.: doña
Sr.: señor
Sra.: señora
nº: número
C/: calle
Avda.: avenida
Pza.: plaza
C.P.: código postal
izq.: izquierda
dcha.: derecha.

3. Completa los diálogos con alguna de las frases del recuadro.

A. ¿Está muy lejos el aeropuerto?
B. No, vivo con una familia chilena muy simpática.
C. Ahí enfrente, cruzando la calle.
D. ¿Hay algún cibercafé por aquí?
E. ¡Qué suerte! Yo vivo muy lejos.
F. ¿Tienes ordenador?

1. ▷ Yo llego a la escuela en cinco minutos, vivo muy cerca.
○ ....

2. ▷ ¿..?
○ Sí, bastante, a 23 km. del centro de la ciudad.

3. ▷ ¿Vives con otros estudiantes?
○ ....

4. ▷ ¿Dónde están los multicines Larios?
○ ....

5. ▷ ¿...?
 ○ Sí, hay uno detrás del edificio de Correos.

6. ▷ ¿...?
 ○ Pues claro, hoy en día es indispensable.

4. Tienes que enviar una carta importante por POSTAL EXPRÉS. Rellena el impreso con todos los datos.

ESTÁ UD. REALIZANDO 5 COPIAS, PRESIONE CON FUERZA Y UTILICE LETRAS MAYÚSCULAS

POSTAL EXPRES

E E 1 9 8 6 3 8 8 3 5 E S

EMS

REMITENTE NOMBRE Y DIRECCION

C. P. POBLACION

PROVINCIA CONTRATO Nº

☐ TFNO. ☐ FAX ☐ TELEX Nº

DESTINATARIO NOMBRE Y DIRECCION

C. P. POBLACION

PROVINCIA

☐ TFNO. ☐ FAX ☐ TELEX Nº

☐ CORREO

5. Haz la pregunta.

1. ▷ ¿...?
 ○ A cinco minutos de aquí.

2. ▷ ¿...?
 ○ Después del semáforo, a la izquierda.

3. ▷ ¿...?
 ○ Sí, está al lado del teléfono.

4. ▷ ¿...?
 ○ En el cajón de la mesa del estudio.

5. ▷ ¿...?
 ○ Al final de esta calle, giras a la derecha y allí está.

6. Contesta.

1. ▷ ¿Dónde está *Español sin fronteras*?
   ○ ....

2. ▷ ¿La biblioteca, por favor?
   ○ ....
   ....

3. ▷ ¿Dónde está la calle de La Reina?
   ○ ....

7. Elige la respuesta correcta.

1. ▷ ¿Dónde hay una farmacia?
   ○ En la playa, a las 12. / Cerca de aquí, a cinco minutos.

2. ▷ ¿Dónde vives?
   ○ En la calle Terramar, en un apartamento pequeño, pero muy agradable. / En el museo Reina Sofía.

3. ▷ ¿Hay algún puesto de la Cruz Roja?
   ○ Sí, hay uno cerca de la playa. / Sí, en la iglesia del Carmen.

4. ▷ ¿Hay muchos turistas en invierno?
   ○ Aquí siempre hay turistas. / Aquí siempre comen turistas.

5. ▷ ¿Dónde está la profesora?
   ○ Está hablando con James. / Está bailando en la mesa.

8. Completa con una forma correcta de *SER / ESTAR / TENER / HAY.*

1. ▷ ¿Qué .... en ese paquete?
   ○ Un regalo para Paco.
   ▷ ¿Quién .... Paco?
   ○ El chico que .... allí, junto a la puerta.
   ▷ Sí, ya, pero Paco ¿............. tu novio o qué?
   ○ ¡Oye, oye! Tú preguntas demasiado, ¿eh?

2. ▷ ¿............. hambre?
   ○ Yo, sí.
   □ Yo, también.
   ▷ Pues vamos a comer fuera.
   ○ ¡Estupendo!
   □ Es que yo no .... dinero.
   ○ No .... problema: hoy invito yo.
   □ Eso sí que .... estupendo.

3. ▷ ¿............ usted colombiano?
   ○ No, ... español.
   ▷ ¿Los colombianos y los españoles hablan igual?
   ○ El idioma .... el mismo; .... algunas diferencias, por ejemplo, el acento .... diferente y en cada país .... palabras especiales, pero en lo importante nos entendemos.

4. ▷ ¿................. por aquí mis llaves?
   ○ Sí, creo que .... en la cocina.
   ▷ ¡En la cocina! Pues sí, aquí ....
   ○ Un día vas a perder la cabeza.

Usamos ESTAR + adjetivos para comparar el estado actual de una persona o cosa con otro momento.

▷ *Hola, Emilio. ¡Chico, qué delgado estás!*
○ *Es que estoy a dieta.*

9. Ahora, elige la forma correcta de SER o ESTAR.

1. ▷ ¿Cómo .... el departamento donde viven?
   ○ Muy agradable. .... pequeño, sólo tiene dos piezas, pero tiene mucha luz.
   ▷ ¿Y dónde ....?
   ○ Dos cuadras más allá del instituto.

2. ▷ ¡Uf! ¡Qué cansado ....!
   ○ Es que trabajas demasiado.

3. ▷ No deben .... nerviosos, el examen .... muy fácil.
   ○ Fácil o difícil, yo siempre .... nervioso cuando tenemos exámenes.

4. ▷ ¡Qué bonita .... la ciudad adornada para la Navidad!
   ○ Sí, pero esta ciudad .... preciosa en cualquier momento del año.

10. **Cada uno de vosotros tiene un anuncio y explica a sus compañeros(as) las características de "su" piso. Los demás toman notas. Al final, comprobáis con el / la "informante"**

En este apartamento hay .... .
El piso tiene...
El teléfono es...
La dirección es...

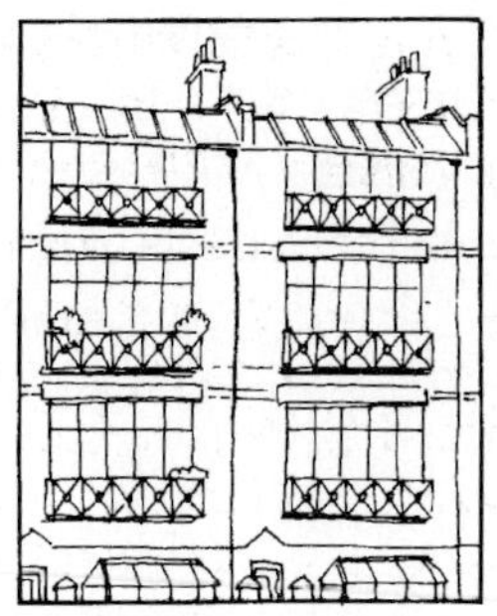

APARTAMENTO situado en la Av. de Fátima nº 2, a cinco minutos de la Plaza de la Constitución y a ocho de El Corte Inglés. Un dormitorio, armario empotrado; cocina amueblada; salón-comedor; baño completo; antena parabólica y plaza de garaje.

Llamar de 2 a 5 de la tarde.

Tf. : 95 226 09 22

PISO de tres dormitorios amplios (principal con cuarto de baño). Otro baño más; gran salón comedor; cocina nueva totalmente amueblada; terraza-lavadero; garaje; trastero; piscina; zonas ajardinadas. Recinto cerrado en Pinos del Limonar. Buen precio.

Llamar de 9 a 11 de la noche al teléfono:
95 229 46 54

PISO PARA ESTUDIANTES.
Muy cerca de la Universidad y de la zona deportiva. Está totalmente amueblado. Tiene cuatro dormitorios; salón-comedor; dos baños completos; terraza y lavadero acristalados; cocina con todos los enseres: lavadora, televisión, frigorífico...)

Teléfono móvil:
608 73 85 04

11. **Piensa en una habitación de tu casa y escribe lo que hay en ella. Compara con tus compañeros(as).**

cama
mesilla de noche
armario
percha
cuadros
alfombras
ordenador
equipo de música
estanterías
libros
discos/C.D. (compact disc)
recuerdos de viajes
carteles
mesa
sillas
sofá
sillón
baúl
florero
lámpara

12. Después de leer este texto, localiza en el mapa los lugares citados.

Explica a tu compañero(a) cómo ir a los lugares siguientes:

- *Plaza de Los Caídos*
- *Plaza Mayor*
- *Plaza de la Artillería*
- *Calle de San Agustín.*

Segovia es una ciudad monumental. Está en la Comunidad de Castilla y León. Sus monumentos más importantes son el **Acueducto Romano**, el **Alcázar** y la **Catedral**.

El **Acueducto Romano** está en el centro de la ciudad, en la Plaza de la Artillería o del Azoguejo. Para ir al **Alcázar** pasamos delante de la **Catedral**, que está al lado izquierdo de la Plaza Mayor. Cogemos la calle de Arco, después la calle de Daoíz y al final de la calle Daoíz está el **Alcázar**, en la Plaza Reina Victoria Eugenia.

Y para comer los platos típicos de la cocina segoviana, al lado del **Acueducto** está Casa Cándido. Casa Duque, otro restaurante muy famoso, está en la calle Cervantes, detrás de la Plaza del Azoguejo.

13. Describe ahora, como en el texto sobre Segovia, tu ciudad u otra que te guste mucho. Debes incluir:

Monumentos o lugares de interés.
Restaurantes y comidas típicas.
Alguna costumbre.

UNIDAD 3 ¿TIENES TIEMPO?

1. **Escucha y toma nota de los horarios.**

Desayuno ....
Almuerzo ....
Cena ....
Servicio de cafetería ....
Actividades para niños ....
Programa de animación ....

2. **Completa la información según lo que oyes.**

▷ Con ustedes el programa de verano de Onda Cien. Les habla Julio Valle. Estamos ...., casi todo el mundo tiene vacaciones, pero .... gente que trabaja. .... estamos a la entrada de una fábrica y preguntamos a... por favor, ¿cómo se llama?

○ Alberto.

▷ ¿Y qué hace aquí ....?

○ Trabajar. Esta semana tengo **horario de tarde**, por eso .... a trabajar a las 3. .... voy a tomar un cafetito.

▷ ¿.................................. termina?

○ A las diez o diez y cuarto .

▷ Y después del trabajo, ¿...?

○ Voy a cenar con los compañeros a un restaurante que .... la fábrica. Luego, ..., tomamos una copa y nos vamos a casa. Normalmente yo llego ....

▷ Muchas gracias, Alberto, y ¡buen trabajo!

○ De nada. **Lo mismo digo.**

Tener horario de tarde: *trabajar por la tarde.*
Lo mismo digo: *deseo lo mismo para usted.*

3. Completa los diálogos con alguna de las frases del recuadro.

A. tengo mucha prisa
B. hay poca gente
C. me levanto temprano
D. nunca tomo
E. A esa hora
F. llega tarde
G. antes de ir
H. es temprano
I. poca gente

1. ▷ Niklas siempre .... a clase y la profesora se enfada.
   ○ Es que el pobre Niklas vive muy lejos.

2. ▷ Por lo general .... porque empiezo a trabajar a las 7.30.
   ○ A mí no me gusta madrugar, por eso tengo horario de tarde.

3. ▷ Hoy no voy con vosotros al salir, ...
   ○ Pero ¡hombre! Trabajar tanto es malo para la salud.

4. ▷ ¡Qué bien! Esta mañana .... en la playa.
   ○ Es que todavía ...., son sólo las 9.

5. ▷ Normalmente tomo café .... al trabajo.
   ○ Pues yo .... café, me quita el sueño.

6. ▷ En España, a las once, hay .... en las discotecas.
   ○ ¡Normal! .... muchos españoles están cenando.

4. Transforma los infinitivos y contesta a las preguntas.

1. ▷ ¿A qué hora (levantarse) .... la gente de tu país?
   ○ Normalmente, entre .... y ....

2. ▷ ¿(Venir, tú) .... a comer con nosotros?
   ○ .... , (tener, yo) .... mucho trabajo.

3. ▷ ¿Qué (hacer, ustedes) .... los fines de semana?
   ○ Depende,.. .

4. ▷ ¿Qué (querer,tú) .... tomar?
   ○ Un ....

5. ▷ ¿Cuándo (ir, vosotros) .... de vacaciones?
   ○ Normalmente, ...

5. Completa con *poco-a, os, as; mucho -a, -os, -as; muy.*

1. ▷ En mi clase hay .... alumnos, por eso tenemos .... tiempo para hablar.
   ○ Pues yo estoy .... contenta, porque en mi clase hay .... gente.

2. ▷ En este curso estoy aprendiendo .... La profesora explica .... bien y las clases son .... divertidas. Además, tenemos .... deberes. Casi todo lo hacemos en clase. ¿Y tu clase cómo es?
   ○ Pss, no está mal, hacemos .... actividades escritas y muy .... orales, el profesor no es .... aburrido, pero mis compañeros participan ....

3. ▷ ¿Cómo es tu libro?
   ○ Muy bueno, tiene un .... de todo: comunicación, gramática, ejercicios, vocabulario...

6. Elige la respuesta correcta.

Estamos haciendo una encuesta sobre las costumbres de la gente a la hora de las comidas. ¿Come usted demasiado?

▷ No, no creo. Cuando *tengo / quiero* hambre entre las comidas, normalmente *voy / vengo* al frigorífico y cojo un yogur, si *estoy / soy* en casa. Si *estoy / soy* en el trabajo, tomo un café con un bocadillo.

○ Pues yo como cuando *tengo / quiero*, sin horarios.

□ En mi caso, cuando *empiezo / hago* a comer, como y como sin parar. *Soy / estoy* un comilón.

Comilón / comilona: *persona que come mucho.*

7. Completa con los verbos en la forma correcta.

VIVIR
ESTAR
IRSE
TENER
IR
SER
LLEGAR
LEVANTARSE
HAY
COGER
COMER
CENAR

Pedro .... solo y .... una vida muy organizada. .... temprano, también cuando .... de vacaciones. Para .... a trabajar, ... siempre el autobús porque .... más rápido: .... demasiado tráfico por las mañanas. Normalmente .... en el restaurante de la empresa. Después del trabajo va a un gimnasio tres veces por semana.

Cuando .... a casa, ... algo ligero, ve la televisión o lee un poco y luego .... a dormir.

8. **Haz frases usando elementos de las tres columnas.**

Cuando quiero nadar	no trabajamos	la piscina / el mar.
Normalmente	visito a mis amigos	por la tarde.
En verano	la casa	por la tarde o por la noche.
En mi casa	yo no hago	la comida .
Limpiamos y arreglamos	me levanto	los fines de semana.
Para montar en bicicleta	voy a	temprano.

9. **Escribe un correo electrónico a tu nuevo amigo(a) de Internet, contando cómo es un día normal de tu vida.**

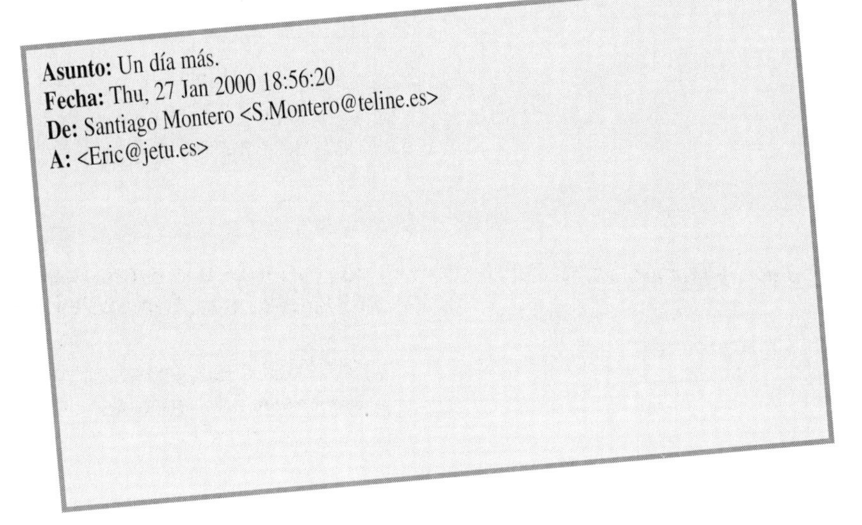

10. **Aquí tienes la agenda de esta semana. Complétala. Luego compara con lo que hace tu compañero(a).**

▷ *Yo, el lunes, voy al dentista a las 6,30.*

○ *Pues yo, a esa hora, llego a mi casa.*

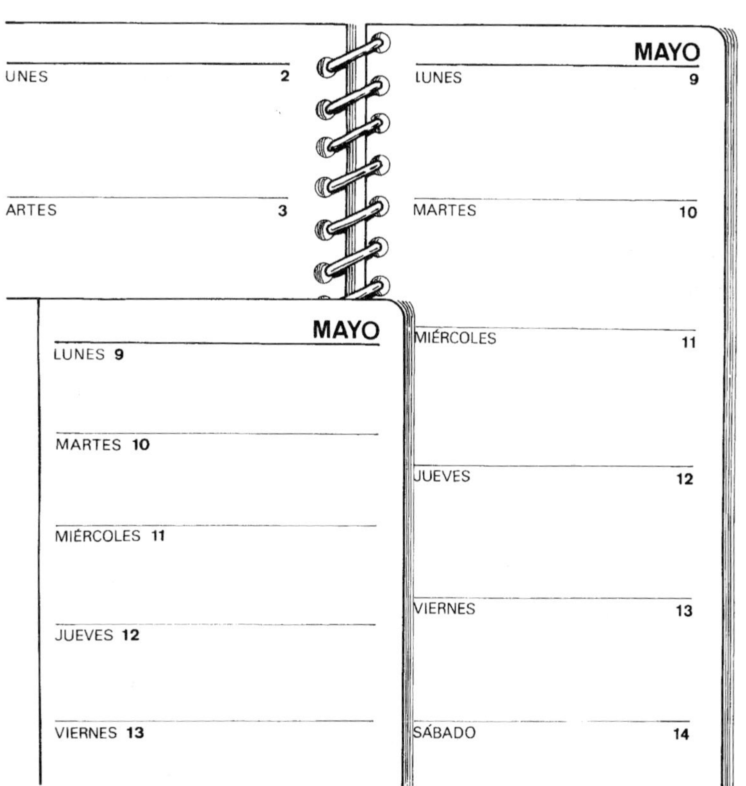

11. ¿Recuerdas los meses del año? Escríbelos y luego di cuándo empiezan y terminan las estaciones.

L	M	X	J	V	S	D
		1	2	3	4	5
6	7	8	9	10	11	12
13	14	15	16	17	18	19
20	21	22	23	24	25	26
27	28	29	30	31		

L	M	X	J	V	S	D
					1	2
3	4	5	6	7	8	9
10	11	12	13	14	15	16
17	18	19	20	21	22	23
24	25	26	27	28		

L	M	X	J	V	S	D
					1	2
3	4	5	6	7	8	9
10	11	12	13	14	15	16
17	18	19	20	21	22	23
24	25	26	27	28	29	30
31						

L	M	X	J	V	S	D
	1	2	3	4	5	6
7	8	9	10	11	12	13
14	15	16	17	18	19	20
21	22	23	24	25	26	27
28	29	30				

L	M	X	J	V	S	D
			1	2	3	4
5	6	7	8	9	10	11
12	13	14	15	16	17	18
19	20	21	22	23	24	25
26	27	28	29	30	31	

L	M	X	J	V	S	D
						1
2	3	4	5	6	7	8
9	10	11	12	13	14	15
16	17	18	19	20	21	22
23	24	25	26	27	28	29
30						

L	M	X	J	V	S	D
	1	2	3	4	5	6
7	8	9	10	11	12	13
14	15	16	17	18	19	20
21	22	23	24	25	26	27
28	29	30	31			

L	M	X	J	V	S	D
				1	2	3
4	5	6	7	8	9	10
11	12	13	14	15	16	17
18	19	20	21	22	23	24
25	26	27	28	29	30	31

L	M	X	J	V	S	D
1	2	3	4	5	6	7
8	9	10	11	12	13	14
15	16	17	18	19	20	21
22	23	24	25	26	27	28
29	30					

L	M	X	J	V	S	D
		1	2	3	4	5
6	7	8	9	10	11	12
13	14	15	16	17	18	19
20	21	22	23	24	25	26
27	28	29	30	31		

L	M	X	J	V	S	D
					1	2
3	4	5	6	7	8	9
10	11	12	13	14	15	16
17	18	19	20	21	22	23
24	25	26	27	28	29	30

L	M	X	J	V	S	D
1	2	3	4	5	6	7
8	9	10	11	12	13	14
15	16	17	18	19	20	21
22	23	24	25	26	27	28
29	30	31				

12. En pequeños grupos. Usad un dado y seguid las instrucciones.

13. Después de leer este texto, contesta a las preguntas.

Los españoles son los europeos que pasan más tiempo delante del televisor: más de tres horas al día. La televisión lleva poco a poco al sedentarismo; la familia habla menos; estimula la violencia porque hay mucha en algunos programas. Además, consumimos más a causa de la publicidad. Por supuesto, la televisión bien utilizada es un importante medio de información y cultura.

Pero los españoles también realizan otras actividades en su tiempo libre. El 56% dedica algún tiempo a la lectura. Más o menos el 50% se va de vacaciones. Van al cine una media de diez veces al año. Un 18% practica deporte y uno de cada diez españoles juega a las cartas habitualmente.

Texto adaptado de "El PAÍS Semanal", 11 de agosto de 1996.

A. ¿Cómo se dice en tu idioma?

sedentarismo		estimular	
a causa de		por supuesto	
una media de		jugar a	

B. Completa con VERDADERO o FALSO.

	V	F
1. Los españoles ven mucho la televisión.		
2. Los españoles sólo ven la televisión.		
3. Más de la mitad de los españoles lee.		
4. Pocos españoles practican deporte.		
5. Pocos españoles juegan a las cartas.		

C. Ahora haz una frase usando las palabras que has traducido.

El sedentarismo es malo para la salud.

A causa de ....

Una media de ....

Estimular ....

Por supuesto ....

Jugar a ....

14. ¿Puedes escribir tu opinión sobre la televisión? Aquí tienes algunas ideas:

- La televisión es útil para...
- Mi familia y yo vemos la tele...
- La televisión es mala si / cuando...

UNIDAD 4

¡QUÉ CARA ESTÁ LA VIDA!

1. Escucha y escribe cada frase debajo del dibujo correspondiente:

---------------------------- ----------------------------

---------------------------- ----------------------------

2. Escucha y apunta lo que quieren comprar los marqueses de Gastancho, el precio y sus exclamaciones.

NOMBRE	PRECIO	EXCLAMACIÓN
.	.	.
.	.	.
.	.	.
.	.	.
.	.	.
.	.	.
.	.	.

Ahora, convierte las pesetas en euros y comprueba si tus cálculos son correctos. Tienes que decir la cantidad en voz alta.

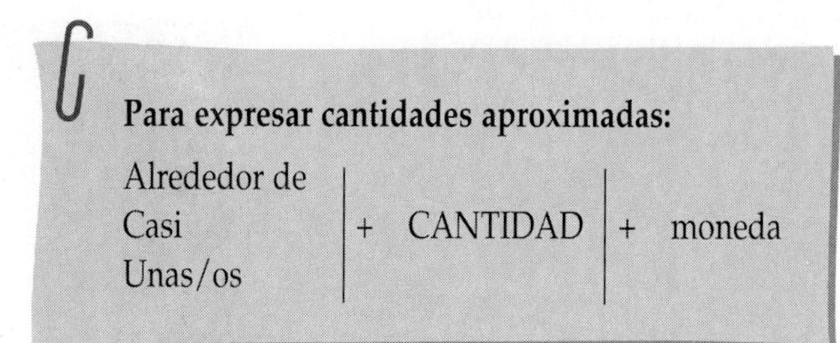

Para expresar cantidades aproximadas:

Alrededor de Casi Unas/os	+ CANTIDAD	+ moneda

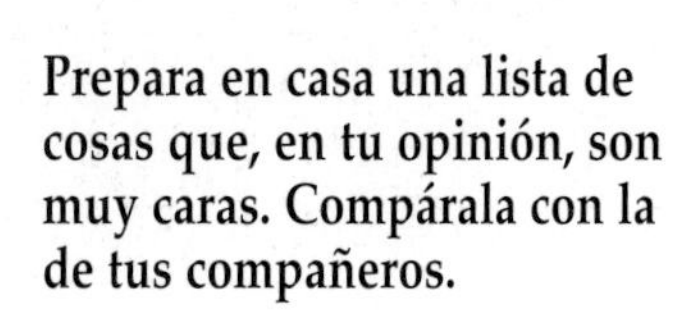

Prepara en casa una lista de cosas que, en tu opinión, son muy caras. Compárala con la de tus compañeros.

3. Completa los diálogos con alguna de las frases del recuadro.

A. ¿qué desea?

B. Quiero ser millonario.

C. ¿Qué talla usa?

D. Un kilo y medio.

E. quédese con la vuelta.

F. ¡Qué caro!

G. Mira aquel móvil.

1. ▷ Son 9.430, por favor.
○ Aquí tiene 10.000 y ....
▷ Muchas gracias.

2. ▷ Buenos días, ¿.........................?
○ Un besugo no muy grande.
▷ Este está muy fresco.
○ ¿Cuánto pesa?
▷ ....
○ Muy bien, me lo llevo.

3. ▷ Otra vez fin de mes. Oye, **¿por qué pones esa cara?**
○ Porque con el dinero que gano, no puedo pagar todos mis gastos.
....
▷ ¡Y yo! ¡Y todo el mundo!

4. ▷ ¿Tienen esa falda en negro?
○ ¿..............................?
▷ La 44.
○ Espere un momento, creo que sí la tenemos.

5. ▷ .... ¡Es minúsculo!
○ Sí, pero yo ya tengo uno, así que no necesito comprarme otro.
▷ Bueno, pero vamos a preguntar.
(...)
○ Por favor, ¿me dice cuánto cuesta aquel móvil del escaparate?
▷ 175.000 pesetas, o bien 1.051,78 euros.
○ ¡.........................!

¿Por qué pones esa cara?: *¿Por qué tienes cara de estar enfadado o triste?*

4. Completa los diálogos, como en el Libro del Alumno.

▷ ¿Qué ....?
○ .... una camisa para combinar con este
....
▷ ¿ .... usa?
○ La 56.
▷ Pues en esa talla ....
.... aquéllas.

▷ Con este dinero no llego a ....

○ Es que la vida ....

▷ Y además, este mes tengo que pagar el seguro del coche. ¡..!

○ ¡Toma! ¡Y yo!

▷ Mira .... ¡Son preciosos!

○ Sí, y ¡qué baratos!. .... 3.500.

▷ ¡Qué lástima! ....

5. Completa con la forma correcta del presente:

	Yo	Tú	Él/Ella/ Usted	Nosotros/as	Vosotros/as	Ellos/Ellas/ Ustedes
DECIR						
PODER						
PONER						
DAR						
COSTAR						

6. Y ahora, haz frases usando los verbos anteriores:

1. ▷ Buenos días, señor, ¿qué le ....?
○ Un melón, por favor.

2. ▷ ¿Me .... (usted) una docena de huevos?
○ Un momentito, por favor.

3. ▷ ¿Me .... cuánto es todo?
○ 14.320 ptas, o bien 86,07 euros.

4. ▷ ¿....................... (usted) decirme el precio de los dos?
○ El normal .... 7.890 (47,42 euros); el especial 2.500 ptas. (15,03 euros) más.

5. ▷ ¿Qué desea?
○ .... me 2 kg. de ciruelas.

6. ▷ ¿....................... (yo) ver ese vestido?
○ Por supuesto.

7. **Completa con *este(a) ; ese(a); aquel(l)a.***

1. ▷ Mira .... foto, aquí estamos en la playa.
○ Sí, ¡qué guapos!

2. ▷ Ahí, en .... calle, está la parada del autobús.
○ Gracias.

3. ▷ .... año no podemos ir de vacaciones. No tenemos dinero.
○ ¡Qué pena!

4. ▷ .... chico nos saluda.
○ ¿Cuál?
□ .... que está allí.

5. ▷ Quiero .... coche.
○ ¿Estás loco? Es muy caro.

6. ▷ Charo, ... es Yolanda.
○ Encantada.
▷ Mucho gusto

8. **Pregunta - contesta a tu compañero(a)**

Pregunta el precio de:	Contesta con el precio más adecuado.	
unos zapatos	1.250	370
el billete de tren a...	325	6.500
el kilo de ciruelas	12.300	860
el bonobús	3.500	413
el periódico	19.495	23.712
un cuaderno		
un diccionario		

Paga y añade algún comentario como los aprendidos en la gramática. También podéis dar el precio en euros.

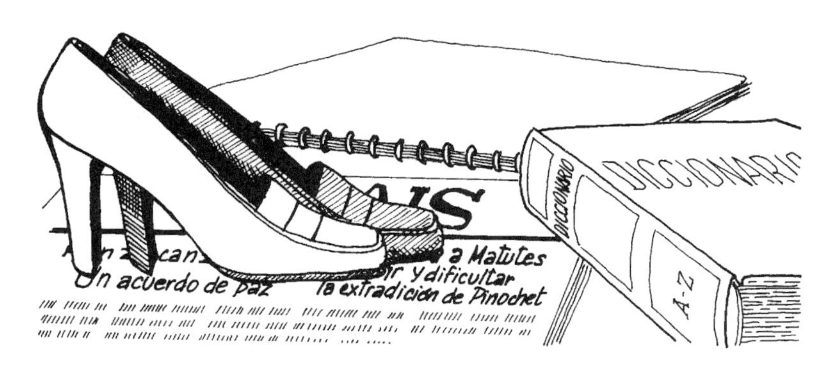

9. Completa con las preguntas adecuadas. Puedes ayudarte con los elementos del recuadro.

cuál es...
cuántos sois...
qué edad...
cuántos habitantes...
qué ciudad...

1. ▷ ¿.......................................?
   ○ Es muy mayor, tiene 90 años.

2. ▷ ¿...................................?
   ○ Somos cuatro: mis padres, mi hermano y yo.

3. ▷ ¿...?
   ○ Muy pocos, sólo 1.200.

4. ▷ ¿...?
   ○ Es São Paulo, ¡es enorme!

5. ▷ ¿.....................................?
   ○ No sé si es Argentina o México

10. Las cosas se nos han mezclado un poco. ¿Podéis clasificarlas en los distintos departamentos del hipermercado?

Champú · bañadores de señora · sombreros · gel de baño · aceite · zapatos de señora · camisa · crema hidratante · mantequilla algodón · bolsos · espuma de afeitar · detergente · lejía bermudas · papel higiénico lavavajillas · pastas · zapatos de caballero · suavizante una fregona · fruta · camisetas · pañuelos · verduras · queso · faldas largas · arroz · conservas · pendientes · huevos · leche · zapatillas deportivas · azúcar · vestidos · café · vino · pantalón de caballero.

ALIMENTACIÓN	ROPA	HOGAR	ZAPATOS

COMPLEMENTOS

11. **Después de leer el texto atentamente a ver si puedes decir lo contrario de:**

gastar ....
vender ....
llevarse bien ....
llegar pronto ....

El ahorro y las vacaciones son dos conceptos que se llevan mal. Los españoles, en los periodos de vacaciones, gastan mucho y utilizan parte del dinero ahorrado durante las estaciones de primavera y otoño. Los meses de enero, febrero, marzo, julio, agosto y diciembre son los preferidos para gastar; el ahorro se produce durante los meses de mayo, junio, septiembre, octubre y noviembre. Abril queda como un mes de tránsito entre los periodos de gasto y ahorro.

Otro factor importante en la costumbre de gastar es el tiempo: si el verano o el invierno llegan tarde, las ventas de temporada no se realizan y esto afecta a las tiendas, que pierden los beneficios previstos.

El PAÍS de los Negocios. (Adaptado).

12. **Ahora resume el texto en dos o tres frases.**

El texto trata de / sobre ....

Dice que ....

Además dice que ....

13. **Piensa un poco y escribe la lista de tus gastos habituales. ¿Gastas lo mismo en vacaciones? Compara tu lista con la de tus compañeros.**

Normalmente gasto en...	En vacaciones gasto, sobre todo, en ...
•	• ....
•	• ....
•	• ....
•	• ....
•	• ....
•	• ....
•	• ....
•	• ....
•	• ....

UNIDAD 6 ¿Y CÓMO ES ÉL?

1. A Javier le piden algunos datos personales para hacerse socio del Club Social de su ciudad.

Club social LAGUNA
nº socio: 003256

DATOS PERSONALES nº socio: 003256

NOMBRE: ....

APELLIDOS: ....

EDAD: .... ESTADO CIVIL: ....

PROFESIÓN: ....

HIJOS: ....

2. Escucha las frases e indica a qué ilustración corresponde cada una.

3. Completa los diálogos con alguna de las frases que aparecen en el recuadro.

A. ¡Claro que la conozco!

B. Es el hermano de Luis, se llama Pedro.

C. Veinte, más o menos.

D. La verdad es que no muy bien.

E. ¿Qué te parece la profesora de español?

F. ¿Cuántos sois de familia?

1. ▷ ¡Oye!, ¿cuántos años crees que tiene?
   ○ ....
2. ▷ ¿...?
   ○ Pues es muy maja, ¿verdad?
3. ▷ No conoces a la nueva novia de Alfonso, ¿verdad?
   ○ .... Me la presentaron ayer.
4. ▷ ¿Y el chico que está a la derecha, al lado de los servicios?
   ○ ....
5. ▷ ¿Qué tal te llevas con la nueva secretaria?
   ○ ....
6. ▷ ¿...?
   ○ Siete en total: mi madre, mi padre, mis tres hermanos, la abuela y yo.

4. ¿Puedes escribir las preguntas correspondientes a estas respuestas?

1. ▷ ¿...?
   ○ No, todavía no lo conozco bien, pero no parece simpático.
2. ▷ ¿...?
   ○ Somos cuatro: mis padres, mi hermano y yo.
3. ▷ ¿...?
   ○ Es sólo un bebé, tiene dos meses.
4. ▷ ¿...?
   ○ Es el nuevo profesor de arte.

5. Conjuga estos verbos en presente de indicativo.

	conocer	entender	parecer	tener
yo				
tú				
él/ella/usted				
nosotros(as)				
vosotros(as)				
ellos(as)/ustedes				

6. **Conjuga los verbos que están entre paréntesis en la forma adecuada.**

1

Mira, Paco, te presento a Ham Bum, un amigo coreano.

Hola, ¿qué tal? ¿Hablas español?

Bueno, todavía no (entender, yo) .... mucho.

2

Útimamente todos los días hay partido de fútbol… ¿Qué equipos juegan hoy?

El Barcelona y el Real Madrid.

¿Y cómo van?

¡Pues, 2-0, (perder) .... tu equipo, lo siento!

3

¡(Tener, yo) .... nuevo corte de pelo! ¿Qué te (parecer) ....?

¡Uy, (parecer, tú) .... una verdadera estrella de Hollywood.

4

Bueno, creo que ya os (conocer, vosotros) ....

Pues sí, efectivamente, ya nos (conocer, nosotros) .... ¿Qué tal?

Bien, gracias, ¿y tú?

5

¡Perdone! ¿(Tener, usted) .... hora, por favor?

Sí, (ser) .... las tres y cinco.

Gracias.

¡De nada!

6

La novia de tu hermano (parecer) .... muy maja…

Sí, además (ser, ella) .... muy guapa y (tener, ella) .... un trabajo excelente.

7

¡Oye! ¿(tener, tu) .... hermanos?

No, (ser, yo) .... hijo único. ¿Y tú?

Yo (tener) .... una hermana y dos hermanos.

8

¿Qué día (ser) .... tu cumpleaños?

El 17 de junio. ¿Y el tuyo?

9

¡Oye! ¿Qué te (parecer) .... el profe de español?

A mí me cae muy bien.

10

La chica de la foto, ¿(ser) .... tu novia?

¡Qué va! (Ser) .... mi hermana.

Pues (ser) .... muy guapa. ¿Por qué no me la (presentar, tú) ....?

7. **Haz frases con los elementos de las dos columnas.**

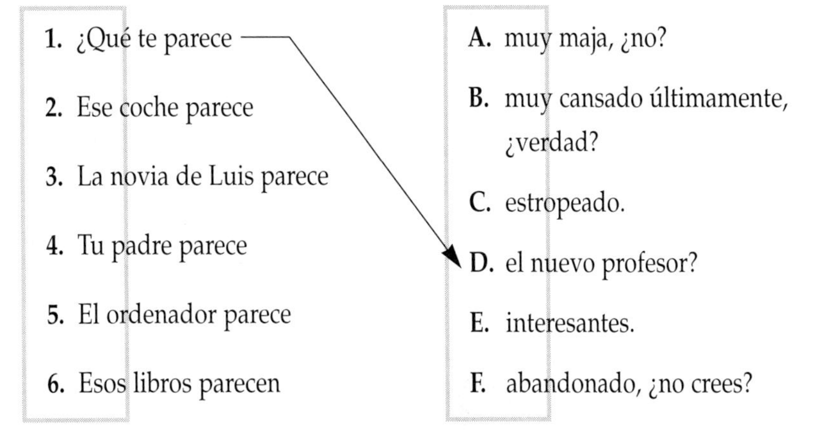

1. ¿Qué te parece
2. Ese coche parece
3. La novia de Luis parece
4. Tu padre parece
5. El ordenador parece
6. Esos libros parecen

A. muy maja, ¿no?
B. muy cansado últimamente, ¿verdad?
C. estropeado.
D. el nuevo profesor?
E. interesantes.
F. abandonado, ¿no crees?

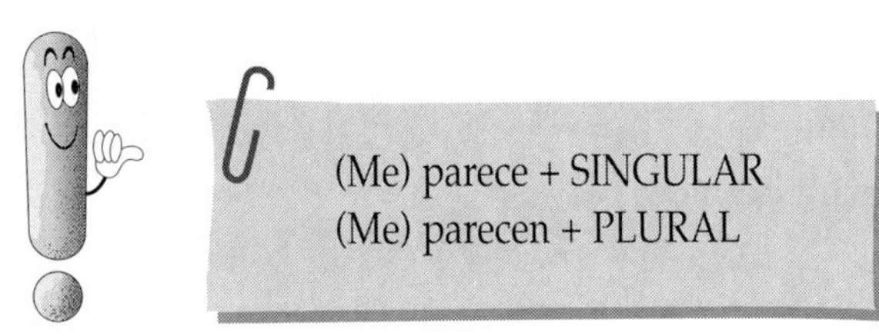

8. **Completa con las palabras que aparecen en el recuadro.**

A. chico
B. hora
C. Es
D. años
E. somos
F. atractivo
G. Quién
H. pequeño
I. Mira
J. foto
K. novia
L. hermanos

1. ▷ ¿............ es ese chico, Ana? Ahí, el que está a tu izquierda.
   ○ Es el nuevo profesor de matemáticas.
   ▷ .... muy ...., ¿verdad?
   ○ Sí, y además es muy majo.

2. ▷ Mira, las fotos de esta Navidad…
   ○ ¿Quién es el .... que está sentado?
   ▷ Mi hermano.
   ○ Pues es muy guapo… ¿Cuántos .... tiene?
   ▷ Veintidós, y no tiene .... Si quieres, te lo presento un día…

3. ▷ ¿Cuántos .... tienes?
   ○ Dos: Alfonso y Lolo.
   ▷ ¿Eres la pequeña?
   ○ No, qué va, Alfonso es el ....

4. ▷ ...., esta es la .... de mi familia…
   ○ ¡Cuántos hermanos tienes!
   ▷ Sí, ... seis en total.
   ○ Hoy en día no es frecuente tener familia numerosa, ¿no?
   ▷ Pues no, la verdad es que no.

5. ▷ Por favor, ¿tienes ....?
   ○ Sí, es la una y media.

9. **Completa con el adjetivo contrario.**

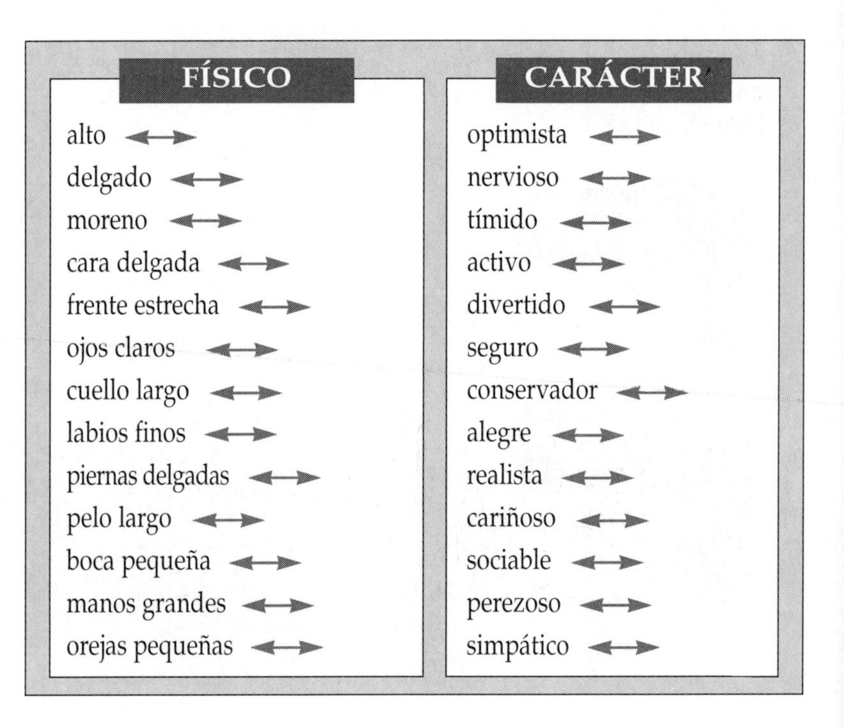

FÍSICO	CARÁCTER
alto ↔	optimista ↔
delgado ↔	nervioso ↔
moreno ↔	tímido ↔
cara delgada ↔	activo ↔
frente estrecha ↔	divertido ↔
ojos claros ↔	seguro ↔
cuello largo ↔	conservador ↔
labios finos ↔	alegre ↔
piernas delgadas ↔	realista ↔
pelo largo ↔	cariñoso ↔
boca pequeña ↔	sociable ↔
manos grandes ↔	perezoso ↔
orejas pequeñas ↔	simpático ↔

10. **Ahora, elige un personaje famoso y descríbelo. ¡No digas quién es! Tus compañeros tienen que adivinarlo.**

11. Aquí tienes la descripción de un artista español famoso en todo el mundo

A rtista desde su época de colegio.
N úmero uno de nuestros actores internacionales.
T reinta y cinco años delante de una cámara.
O riundo de Málaga, como Picasso.
N o vive más de tres meses seguidos fuera de España.
I nteresante galán latino.
O frece una imagen sexy y atractiva.

B ate récords de taquilla con sus películas.
A dmira a James Dean, Robert Taylor y Elvis Presley.
N o soporta la prohibición de fumar en lugares públicos.
D estaca por sus grandes ojos marrones.
E stá casado con una célebre actriz americana.
R oba los corazones de las mujeres.
A nda por tierras americanas.
¿ **S** abes ya quién es?

12. Haz tú lo mismo con el nombre de un compañero(a) de la clase o con un personaje famoso que te guste. ¡No es difícil!

PARA GUSTOS ESTÁN LOS COLORES

1. Escucha y completa con VERDADERO o FALSO:

	V	F
a. Quiere comprar un vestido		
b. En la tienda hay muchos modelos		
c. Finalmente, compra unos zapatos		

2. *Español sin fronteras* es un programa de radio popular en todo el mundo. Hoy hablan sobre un tema muy interesante:

Hombres y mujeres, ¿podemos ser sólo amigos?

Escucha las opiniones de los entrevistados. ¿Estás de acuerdo con alguno de ellos? ¿Qué opinas tú?

	SÍ	NO	NO SABE
1			
2			
3			

3. Completa los diálogos con alguna de las frases que aparecen en el recuadro.

A. Normalmente, la busco en el diccionario.

B. ¿te gusta estudiar la gramática?

C. Pues a mí me encantan los días de lluvia.

D. prefiero ir al cine.

E. Ya lo sé.

F. ¿no te parece importante?

1. ▷ ¡Qué horror! ¡Qué día de lluvia!
○ ....

2. ▷ ¡Es increíble cuánto dinero ganan los jugadores de fútbol en este país!
○ ....

3. ▷ ¿Y tú? ¿Qué haces cuando no entiendes una palabra?
○ ....

4. ▷ ¿ Y a ti?, ¿..?
○ Sí que me gusta, me ayuda a comunicarme mejor.

5. ▷ ¿Vamos al cine, o al teatro?
○ Yo, la verdad, ... Quiero ver la nueva película de Harrison Ford.

6. ▷ Vamos a ver, ¿para qué quiero yo aprender todas las excepciones gramaticales?
○ Para hablar con corrección, ¿...?

Pues: para introducir una opinión contraria.
– *Yo, no.*
– *Pues yo, sí.*

4. Completa utilizando una doble negación.

no (...) nada

no (...) nadie

no (...) nunca

no (...) ninguno

no (...) ninguna

1. ▷ ¿De verdad que no quieres tomar nada? ¿Un té, o un café?
○ .... , gracias.

2. ▷ ¿Tienes hermanos o hermanas?
○ .... , soy hijo único, pero tengo muchísimos primos.

3. ▷ ¿En serio que nunca te parece frustrante aprender una lengua?
○ Pues ...., porque siempre hay algo nuevo que aprender.

4. ▷ ¿Viene alguien por ese lado de la calle?
○ ...., ya puedes salir, ¡venga!

Venga: para animar a alguien a hacer algo.
– *¡Venga, ven con nosotros!*
– *Esta bien, si insistís...*

5. Completa los siguientes diálogos con las estructuras del recuadro, de acuerdo con tus gustos y preferencias.

- o No, no me gusta.
- o A mí, sí.
- o A mí, también.
- o ¿Sí? Pues a mí, no.
- o Sí, sí me gusta.
- o A mí, no.
- o A mí, tampoco.
- o ¿No? Pues a mí, sí.

1. ▷ ¿Te gusta la música de jazz?
o ....

2. ▷ A mí lo que más me gusta de los españoles es su estilo de vida… tan tranquilo y alegre.
o ....

3. ▷ La verdad es que esta cerveza no me gusta nada… ¡Está muy amarga!
o ....

4. ▷ ¿Te gusta este libro para aprender español?
o ....

5. ▷ Me encanta la primavera...
o ....

6. ▷ La verdad es que esa película de Harrison Ford no me gusta nada.
o ¿A cuál te refieres?
▷ A *Seis días y siete noches*. ¿A tí te gusta?
o ....

7. ▷ ¿De verdad que no te gustan los días de lluvia?
o ....
▷ Pues a mí, sí.

8. ▷ No soporto el humo del tabaco. ¡Debería estar prohibido!
o ....

9. ▷ A mí me encanta esquiar.
o ....
▷ Entonces podíamos ir el domingo a Navacerrada.

10. ▷ ¿Te gusta madrugar?
o ....

6. Completa con alguno de los siguientes verbos y conjúgalo en el tiempo y persona adecuados al contexto:

gustar

encantar

preferir

1. ▷ Me .... mucho hacer deporte.
   ○ ¿Sí? Pues a mí, no.

2. ▷ Y tú, ¿ qué .... ver: el fútbol o la película?
   ○ Yo .... la película. La verdad es que no me .... mucho ver deportes en la tele.

3. ▷ ¿Qué .... (tú): un restaurante chino, o un italiano?
   ○ Hombre, yo .... un restaurante italiano. La pizza es mi comida preferida, pero si tú .... ir al chino…, no hay problema.

4. ▷ A mi padre le .... muchísimo jugar al tenis por la tarde.
   ○ El mío .... dormir la siesta.

5. ▷ Luis, nos .... mucho tus cuadros. La verdad es que pintas muy bien.
   ○ ¡Gracias!

6. ▷ La verdad es que me .... el verano.
   ○ A mí, también. En verano soy una persona diferente.

7. Completa los diálogos:

muy

mucho(a)

muchos(as)

1. ▷ ¡Hola! ¿Querría cortarme el pelo? Es que lo tengo .... largo.
   ○ Te crece ...., ¿verdad?
   ▷ La verdad es que sí.
   ○ ¿Te lo corto ....?
   ▷ No, no .... Sólo un poco.

2. ▷ Es .... tarde. ¿Tienes .... cosas que hacer todavía?
   ○ No, no .... Sólo tengo que terminar esta página.

3. ▷ ¡Oye! En este libro hay .... palabras que no entiendo.
   ○ Pues consulta el diccionario o pregunta a tu profesor.

8. **Escribe una carta al director del canal de televisión indicando tus preferencias sobre la programación: *películas, documentales, telenovelas, concursos, series, noticias,* etcétera.**

Sr. Director de ....:

Le escribo para dar mi opinión sobre ....
....
....
....
....
....
....
....
....
....

Atentamente,

....

9. **Juega con tu compañero(a) o con toda la clase al juego de las letras.**

LETRA	Nombres de parentescos familiares	Adjetivos de carácter y rasgos físicos	Infinitivos de verbos	Expresiones temporales *	Colores
A	*abuelo*	*alto*	*abrir*	*abril*	*azul*

* En **expresiones temporales** puedes incluir los nombres de los meses, años, estaciones del año, adverbios y, también, los de los fenómenos atmosféricos.

10. **Cuando viajas a un país diferente al tuyo, resulta normal hablar de su cultura y de algunos tópicos.**

ESPAÑA NO ES TAN DIFERENTE

Spain is different! Ésta era la frase de una campaña publicitaria para promocionar el turismo en España, hace años. Pero España ..., queridos amigos, no es tan diferente.

España es un país más, con sus peculiaridades, como todos los países del mundo, como Australia, como la India, como tu país. Pero... en España siempre dormimos la siesta, siempre hace sol, siempre comemos paella y siempre vestimos como los toreros y las flamencas. En serio, ¿tú crees que esto puede ser verdad? Los tópicos, querido amigo, son siempre exageraciones de la realidad.

La gente que trabaja por la tarde nunca duerme la siesta –bueno, los fines de semana, tal vez, sólo tal vez–. Hace mucho sol, sí, pero también llueve y nieva... Nos gusta mucho la paella, pero no a todos, y además, no es fácil cocinarla bien. ¿Y vestir de toreros y flamencas? Sí, claro, ellos, los toreros y las flamencas, cuando trabajan.

No me gustan los tópicos, nunca reflejan la verdadera realidad. Y esa, la verdadera, es la que yo quiero conocer. Spain is not so different!

Rafa Sánchez. *Ideas de una España ¿diferente?*

1. ¿Qué es un tópico?
2. ¿Cuáles son los tópicos más extendidos sobre los españoles?
3. ¿Conoces algún tópico sobre tu país?

11. **Escribe una carta a un amigo de tu país y cuéntale tus ideas sobre España y los españoles, la forma de vida y las costumbres de tu país que son diferentes.**

UNIDAD 8 ¡AY, QUÉ DOLOR, QUÉ DOLOR!

1. Escucha y completa estos diálogos:

1. ▷ ¿Qué te pasa? .... mala cara.
○ No sé, hija, me .... un poco la cabeza.
▷ ¿Por qué no tomas una ....?
○ Sí, creo que voy a .... una.

2. ▷ ¿Qué película ....?
○ Es *Pretty Woman*, me ....
▷ A mí, ...; es demasiado romántica.

3. ▷ ¿Sabes? El médico dice que tengo que .... menos.
○ ¡Claro! Es que dos paquetes de .... al día es mucho.

¡Claro!: por supuesto, es evidente.

2. María vive con sus padres. Siempre la están llamando por teléfono, pero nunca quiere hablar. ¿Qué está haciendo en cada caso? Escucha y completa.

3. Completa estos diálogos con alguna de las frases que aparecen en el recuadro.

A. Sí, cómprame unas pastillas para la tos.

B. ¿Cuántas tengo que tomar al día, doctor?

C. ¡Cuídate!

D. Pues toma una aspirina.

E. ¿Qué te pasa? No tienes muy buena cara.

F. Estoy terminando un informe.

G. ¿Qué síntomas tiene?

H. ¿Estás mejor?

1. ▷ ¡Qué dolor de cabeza tengo!
   ○ ....

2. ▷ ....
   ○ Dos: una con el desayuno y otra con la comida.

3. ▷ Últimamente no me encuentro bien, doctor...
   ○ ....
   ▷ Cuando como, me duele mucho el estómago y, por las noches, no puedo dormir.

4. ▷ ....
   ○ La verdad es que no me encuentro nada bien...

5. ▷ Voy a la farmacia... ¿Quieres algo?
   ○ ....
   ▷ ¡Vale! Vuelvo en cinco minutos.

6. ▷ ....
   ○ Sí, pero todavía toso un poco.

7. ▷ ¿Qué estás haciendo?
   ○ ....

8. ▷ ....
   ○ ¡Gracias! Tú, también.

4. Primero relaciona los elementos de las dos columnas y, después, completa el siguiente diálogo con las expresiones que aparecen en el recuadro.

A. Bueno...
B. ¡Vale!
C. Veamos...
D. Ya, ya lo sé.

1. Para expresar que tenemos conocimiento de algo.
2. Para ganar tiempo para pensar durante la conversación.
3. Para introducir una despedida.
4. Para expresar que estamos de acuerdo.

▷ Verá, doctor, hace tres semanas que tengo gripe...
○ (1) .... ¿Fuma usted?
▷ Sí, sí que fumo...
○ Pues tiene que dejar de fumar...
▷ (2) ....

4. Después de unas largas vacaciones siempre tenemos muchísimas cosas que hacer. Escribe una lista para que no se te olviden.

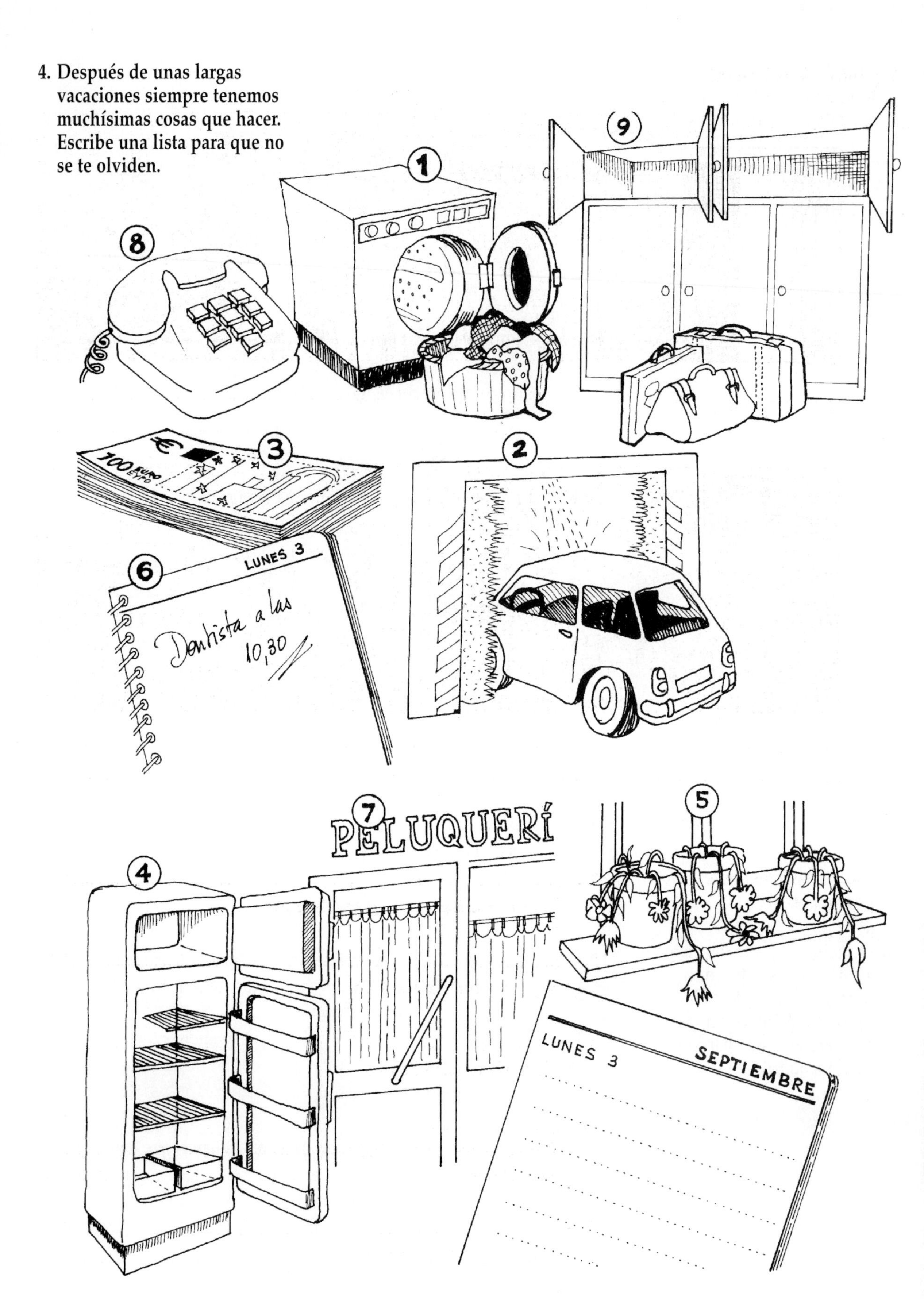

5. ¿Qué están haciendo?

6. **Escribe las preguntas correspondientes:**

1. ▷ ¿..?
   ○ Estoy estudiando español en Madrid.

2. ▷ ¿..?
   ○ No, a mí tampoco me gusta.

3. ▷ ¿..?
   ○ Me duele el estómago.

4. ▷ ¿..?
   ○ Tiene que descansar y trabajar menos. Esto es lo que yo le recomiendo.

5. ▷ ¿..?
   ○ Cuando tengo un examen.

7. **Esta es la consulta del doctor Iglesias. ¿Qué cosas ves en ella? Haz una lista lo más completa posible.**

8. **¿A qué parte del cuerpo humano corresponde cada una de estas palabras?**

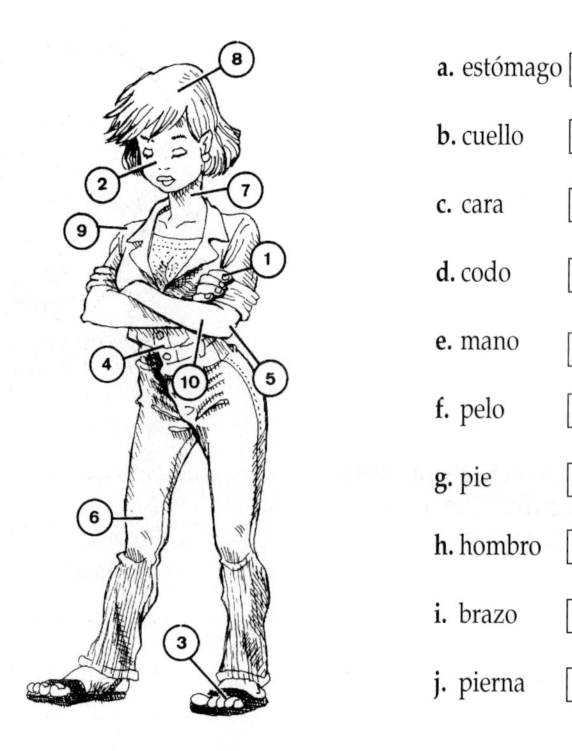

a. estómago ☐
b. cuello ☐
c. cara ☐
d. codo ☐
e. mano ☐
f. pelo ☐
g. pie ☐
h. hombro ☐
i. brazo ☐
j. pierna ☐

9. **El humor es un buen amigo cuando las cosas no van muy bien. La salud es algo que también puede tratarse con humor. Fíjate en estos chistes. Pregunta a tu profesor lo que no entiendas:**

– *Buenos días, ¿me puede dar algo para el dolor de cabeza?*
– *Tengo un producto muy bueno, las pastillas del doctor Ulloa.*
– *¡No, por favor, otra cosa!*
– *¿Por qué, señora?*
– *Porque el doctor Ulloa es mi marido.*

– *Doctor, me duele aquí.*
– *Pues póngase allí.*

– *Mamá, mamá, el abuelo está malo.*
– *Bueno, Jaimito, puedes comerte sólo las patatas.*

¿Conoces algún chiste en español? Pregunta y escríbelos:

UNIDAD 9 EL PRÓXIMO FIN DE SEMANA SALIMOS

1. Escucha e indica a qué situación corresponde cada diálogo.

2. Reacciona ante las siguientes llamadas de teléfono siguiendo las instrucciones.

1. El señor Gómez está hablando por otra línea y la persona que llama debe esperar.

2. María ha salido, pero te ha pedido que le cojas todos los recados.

3. Aquí no vive ninguna persona que se llame María.

4. Eres la secretaria de la señora García y deseas saber quién la llama.

5. Quieres una cita con el doctor Morillo.

3. Completa los siguientes diálogos con alguna de las expresiones que aparecen en el recuadro.

A. Se ha equivocado.
B. Si quieres, puedo llamar al cine para reservar las entradas.
C. ¿De parte de quién?
D. ¿No es el 91 316 37 87?
E. La verdad es que no, ¿por qué?
F. Soy Raquel...
G. ¿Está Rosana, por favor?
H. ¡Ya voy!
I. Bien, aquí estoy, corrigiendo composiciones de mis alumnos...
J. ¿A qué hora quedamos?

1. ▷ ¡Hola! ¿Está Jesús, por favor?
○ Sí, ahora se pone. ....
▷ Soy Isabel.
○ Espera un momentito, por favor. (...) ¡Jesuuuuús..., al teléfono! ¡Es para ti!
▷ ....

2. ▷ ¿Dígame?
○ ¿Concha? ....
▷ ¡Hola, Raquel! ¿Qué tal?

3. ▷ ¿Sí?
○ ....
▷ ¿Rosana? No, lo siento. Aquí no vive ninguna Rosana. ¿A qué número llama?
○ ....
▷ No, es el 91 316 37 88. ....
○ Lo siento. Perdone las molestias.

4. ▷ ¿Sí?
○ ¿Rosana?
▷ Hola, Isabel. ¿Qué tal?
○ ....
▷ Pues te llamo porque estoy pensando en ir esta tarde al cine... ¿Te apetece venir?
○ La verdad es que tengo muchas ganas de ver la última película de Steven Spielberg.
▷ .... ¿Te parece bien?
○ Muy bien, estupendo.

5. ▷ ¡Oye!, ¿tienes algún plan para esta noche?
○ ....
▷ Bueno... ¿Por qué no vamos a cenar al nuevo restaurante vegetariano?
○ Por mí, estupendo. ....
▷ ¿Te parece bien a las nueve y media?
○ ¡Muy bien!

4. Si relacionas los elementos de las dos columnas, nos dirás para qué utilizamos en español las siguientes expresiones.

1. *Es que...*	**A.** Para expresar que estamos de acuerdo.
2. *¿Dígame?*	**B.** Para introducir una historia, una explicación...
3. *Pues mira...*	**C.** Para introducir una excusa.
4. *¡Vale!*	**D.** Para responder a una llamada de teléfono.
5. *Bueno...*	**E.** Para introducir una despedida.

5. **Algunos verbos en futuro imperfecto son irregulares. Relaciona los elementos de las dos columnas y, después, conjúgalos.**

1. decir	A. vendré
2. hacer	B. podré
3. poder	C. saldré
4. poner	D. tendré
5. querer	E. diré
6. saber	F. sabré
7. salir	G. querré
8. tener	H. haré
9. venir	I. pondré

decir	hacer	poder	poner	querer	saber	salir	tener	venir

6. **Tú y tu novio(a) os marcháis de vacaciones la próxima semana, pero tenéis tantas cosas que hacer... Completa los diálogos conjugando los verbos en presente o en futuro según sea necesario.**

1. ▷ Bueno, entonces, ¿(poder) .... recoger tú los billetes en la agencia de viajes?
   ○ Sí, no te preocupes, los (recoger, yo) .... esta tarde, después de salir del trabajo.

2. ▷ ¡Vaya! ¡Tu pasaporte está caducado! Y ahora, ¿qué hacemos? ¡Nos vamos dentro de tres días!
   ○ Bueno, como (tener, yo) .... la tarde libre, (ir, yo) .... a solicitar uno nuevo. Seguro que (estar) .... listo en un par de días... ¡No te preocupes!

3. ▷ Antes de salir para el aeropuerto, hay que llamar a mis padres... Y es que no tengo tiempo para todo... ¡Qué nerviosa (estar, yo) ....!
   ○ Yo los (llamar) .... mientras tú (terminar) .... de hacer las maletas, ¿vale?

4. ▷ ¿Crees que (tener, nosotros) .... tiempo suficiente en el aeropuerto para cambiar el dinero?
   ○ Seguro que sí... ¡No te preocupes! (Tener, nosotros) .... tiempo suficiente para todo.

5. ▷ Mira, el avión (salir) .... dentro de una hora y cuarto... ¿Tomamos algo mientras?
   ○ Sí, (tomar, yo) .... una tila para tranquilizarme.

7. **¿Puedes decirnos qué planes tiene Paco para estas fechas?**

Paco va a + INFINITIVO

8. **Completa con alguno de los siguientes pronombres.**

me
te
lo, la
nos
os
los, las

1. ▷ ¿Tienes el teléfono del hospital?
   ○ Sí, ... tengo en la agenda.

2. ▷ ¿Puede decir.......... cómo se va a la Biblioteca Nacional, por favor?
   ○ La primera calle, a la derecha. Y después, sigue todo recto.
   ▷ ¿Está muy lejos?
   ○ No, a unos diez minutos a pie.

3. ▷ ¿.......... gusta la película?
   ○ Sí, ... encanta.

4. ▷ ¿Pongo la carne en el horno?
   ○ No, no .... pongas todavía, que no está caliente.

5. ▷ ¿Tienes el periódico de hoy?
   ○ Sí, pero está en el coche. Baja y cóge...........
   ▷ Y las llaves del coche, ¿dónde están?
   ○ Creo que .... tengo en el bolsillo del abrigo.

9. Cuando llamamos por teléfono, pueden ocurrir muchas cosas. Relaciona las situaciones de las dos columnas.

1. ▷ *Parece que mis padres han salido.*
2. ○ *Hola, en estos momentos no puedo atenderte, pero...*
3. ▷ *¡Vaya, está comunicando!*
4. ○ *¡Uh! he metido 500 pesetas y ya no queda nada.*
5. ▷ *Ah, ¿no es el 4 28 34 58? Perdone.*
6. ○ *Sí, mira, di a Pedro que luego llamo otra vez.*
7. ▷ *Suena un teléfono y yo no tengo ninguno. ¿Cómo es posible?*

A. Se han equivocado. Ese no es el número de teléfono.
B. La línea está ocupada.
C. Alguien que está cerca tiene un teléfono móvil.
D. No están en casa. No contestan.
E. Seguro que es el número de un móvil. Las llamadas son carísimas.
F. ¡Otra vez el contestador automático!
G. Pedro no puede ponerse en ese momento.

10. Piensa en una excusa para las siguientes situaciones:

1. Un compañero de la clase de español quiere ir contigo al cine esta tarde.

   – *Lo siento, Klaus, pero no puedo. Es que tengo que hacer la composición para la clase de mañana.*

2. Estás buscando un trabajo temporal mientras vives en España y te proponen uno a la misma hora del curso de español.

   – ....
   ....

3. Tienes una reserva para pasar un fin de semana en Segovia, pero el viernes por la tarde tienes fiebre y te duele la cabeza.

   – ....
   ....

4. Hoy es el cumpleaños de tu novio. Te invita a cenar y llegas tardísimo porque el restaurante está en el centro de la ciudad y no encuentras sitio para aparcar.

   – ....
   ....

11. **Si no estás en casa, el nuevo *contestador automático de Telefónica* puede recoger tus llamadas.**

EL NUEVO SERVICIO CONTESTADOR DE TELEFÓNICA.

A partir de ahora ya nunca le va a preocupar si llama alguien mientras usted está fuera de casa, o si le están llamando mientras habla con otra persona, porque el Servicio Contestador de Telefónica graba los mensajes que usted no puede *atender*, ¡*incluso* si está hablando por teléfono en ese momento! Usted puede recibirlos todos por sólo 116 pesetas al mes.

El Servicio Contestador es muy *sencillo* de utilizar. Para escuchar los mensajes grabados, sólo tiene que descolgar el teléfono y esperar unos segundos. Además, recuperar los mensajes desde su casa no cuesta dinero, no se considera como una llamada.

Y como está en su propia línea, no *ocupa* espacio, no *requiere* instalación ni mantenimiento, no precisa conexión y puede *desconectarlo* siempre que usted quiera.

Busca en el diccionario el significado de las siguientes palabras:

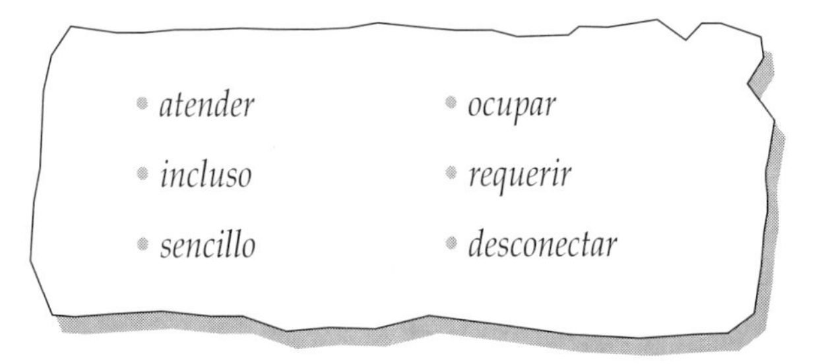

Ahora ya sabes en qué consiste el nuevo *Servicio Contestador de Telefónica.* Indica si las siguientes afirmaciones son verdaderas o falsas:

	V	F
1. El contestador graba los mensajes mientras usted está fuera de casa.		
2. Utilizar este servicio de Telefónica es sencillo y barato.		
3. No requiere instalación ni mantenimiento.		

UNIDAD 11 ¿QUÉ HA PASADO?

1. Señala en esta lista lo que ha comprado Jesús a través del servicio telefónico del supermercado *Expresso*.

Lista de la compra

- ☐ pan integral
- ☐ chocolate
- ☐ leche
- ☐ jamón
- ☐ queso
- ☐ yogures
- ☐ galletas
- ☐ café
- ☐ zumo de naranja
- ☐ zumo de tomate
- ☐ zumo de pomelo
- ☐ vino tinto
- ☐ vino rosado
- ☐ vino blanco
- ☐ naranjas
- ☐ limones
- ☐ peras
- ☐ aguacates
- ☐ manzanas
- ☐ patatas
- ☐ cebollas
- ☐ cebollitas francesas
- ☐ ajos
- ☐ pimientos verdes
- ☐ tomates
- ☐ plátanos

2. Vuelve a escuchar la grabación e indica las cantidades exactas de todo lo que ha comprado.

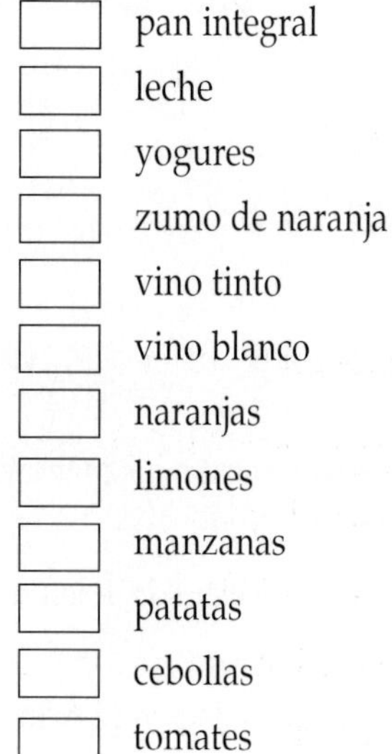

- ☐ pan integral
- ☐ leche
- ☐ yogures
- ☐ zumo de naranja
- ☐ vino tinto
- ☐ vino blanco
- ☐ naranjas
- ☐ limones
- ☐ manzanas
- ☐ patatas
- ☐ cebollas
- ☐ tomates

3. **Completa los siguientes diálogos con alguna de las frases que aparece en el recuadro.**

- **A.** Aquí tiene un folleto con todos los hoteles de Madrid, y otro con una lista de albergues juveniles.
- **B.** La verdad es que no me ha parecido muy interesante.
- **C.** ¿Podría decirme también dónde hay un cajero automático, por favor?
- **D.** ¿Qué tal te ha salido el examen?
- **E.** ¿Luis? Perdone... ¿Está Luis?
- **F.** Gracias de nuevo.
- **G.** ¿Tienes todo listo para el viaje?
- **H.** Todavía no, pero estoy pensando en ir a México el próximo verano.
- **I.** ¡No te preocupes!

1. ▷ ....
○ Bastante bien... La verdad es que no me ha parecido muy difícil, ¿y a ti?

2. ▷ ¡Oye!, ¿has estado alguna vez en Latinoamérica?
○ ....

3. ▷ ....
○ Lo siento, se ha equivocado.

4. ▷ ....
○ La verdad es que no... Es que estoy liadísimo: todavía no he ido a recoger los billetes a la agencia de viajes, tampoco he ido al banco a comprar los cheques de viaje.... Quería ir a la peluquería a cortarme el pelo...
▷ Bueno, ..., yo iré a la agencia y al banco.

5. ▷ Hola, verá, necesito información sobre alojamiento en Madrid...
○ ....
▷ Muchísimas gracias. ....
○ Mire, ahí mismo, a la derecha.
▷ ¡Ah, sí, ya lo veo! ....

6. ▷ ¿Qué te ha parecido la propuesta del jefe?
○ ....
▷ ¿Y por qué no se lo has dicho durante la reunión?

4. **Completa el siguiente diálogo con alguna de estas expresiones:**

Pues...

Es que...

Bueno...

▷ Llegas tarde...

○ Ya lo sé. Lo siento, ... he tenido que ir al médico esta mañana.

▷ ¿No te encuentras bien?

○ .... no muy bien. Cuando me levanto, me duele la cabeza.

▷ ¿Todos los días?

○ ...., casi todos.

▷ Quizá necesitas unas vacaciones. ¡Has trabajado mucho últimamente!

○ Sí, creo que tienes razón.

5. Conjuga los verbos en presente o pretérito perfecto, según sea necesario para cada contexto.

1. ▷ ¿Cómo es que no me (llamar, tú) .... esta mañana?
○ Bueno, es que (tener, yo) .... que ir al médico...
▷ ¿Y qué te (decir, él) ....?
○ Nada, que (estar, yo) .... bien, pero que (tener, yo) .... que hacer más ejercicio.

2. ▷ ¿(Leer, tú) .... hoy el periódico?
○ No, todavía no, ¿por qué?
▷ (Creer, yo) .... que te interesará saber que (ir) .... a subir el precio del tabaco.
○ ¿Otra vez?
▷ Pues sí.
○ ¿Y cuánto?

3. ▷ ¿(Terminar, tú) .... ya tu redacción?
○ Sí, la (hacer, yo) .... esta mañana.
▷ ¿Qué tal te (salir) .... ?
○ ¡Vaya! Un poco corta, pero (ser) .... muy interesante.
▷ ¿Sobre que la (escribir, tú) ....?
○ (Comentar, yo) .... las diferencias culturales entre España y mi país.
▷ ¡Ah!, pues me gustaría leerla.

4. ▷ ¡Alfonso (solicitar) .... una beca para estudiar el próximo año en París!
○ ¿En serio? ¡Qué bien!
▷ ¿Y cuándo sabrá si se la (dar, ellos) ....?
○ No lo (saber, él) .... Imagino que dentro de varias semanas.
▷ ¡Pues estará muy nervioso!, ¿no?

6. Estás en el estanco y necesitas comprar varias cosas.

barato paquete color cartón precio mechero sellos

▷ ¡Dígame! ¿En qué puedo ayudarle?
○ Un .... de Marlboro, por favor.
▷ Me han dicho que ha subido el ...., ¿cuánto es?
○ Tres euros, pero en la calle cuesta bastante más cada ....
▷ ¡Caramba! Pues sí que ha subido. Déme también cinco .... para la Unión Europea y tres más para Estados Unidos.
○ ¡Tenga! ¿Algo más?
▷ ¡Ah, sí, se me olvidaba! Déme un .... siempre lo pierdo.
○ ¿De qué .... lo quiere?
○ Me da igual, pero déme uno ....

7. Completa utilizando el pronombre adecuado:

1. ▷ Mark, ¿has puesto la pizza en el horno?
   o Sí, ya .... he puesto. Dentro de diez minutos estará lista.

2. ▷ Hay que ir a comprar leche, Cris.
   o No te preocupes, ya .... he comprado yo esta mañana.

3. ▷ ¡El teléfono está sonando! ¿Es que no .... oyes?
   o Sí, ya .... cojo.

4. ▷ Llaman a la puerta, creo que es el cartero ...
   o Ya , ... abro.

5. ▷ ¿Has planchado las camisas?
   o Sí, ... he planchado esta mañana. .... tienes en el armario.

6. ▷ Te he dicho que no voy, ¿ .... oyes?
   o Sí, ya .... he oído. ¡No .... grites!

7. ▷ ¿A qué hora .... has levantado?
   o Pues ... bastante tarde...

8. ▷ ¿Has recogido las fotos de las vacaciones?
   o Sí, ... he dejado encima de la cama del dormitorio.

8. Completa utilizando alguna de las siguientes expresiones:

mucho
muchísimo
un montón
bastante
nada
en absoluto
muy

1. ▷ ¿Te ha gustado la obra de teatro?
   o ....
   ▷ Pues a mí me ha encantado.

2. ▷ ¿Qué te ha parecido la novela?
   o Pues me ha resultado .... aburrida.

3. ▷ ¿Qué has hecho este fin de semana?
   o He estado en Segovia.
   ▷ ¿Y te ha gustado?
   o Me ha parecido una ciudad .... interesante.

4. ▷ La verdad es que no me ha gustado ....
   o ¿El qué?
   ▷ ¡Pues la película!

9. Señala con una cruz lo que puedes comprar en el estanco.

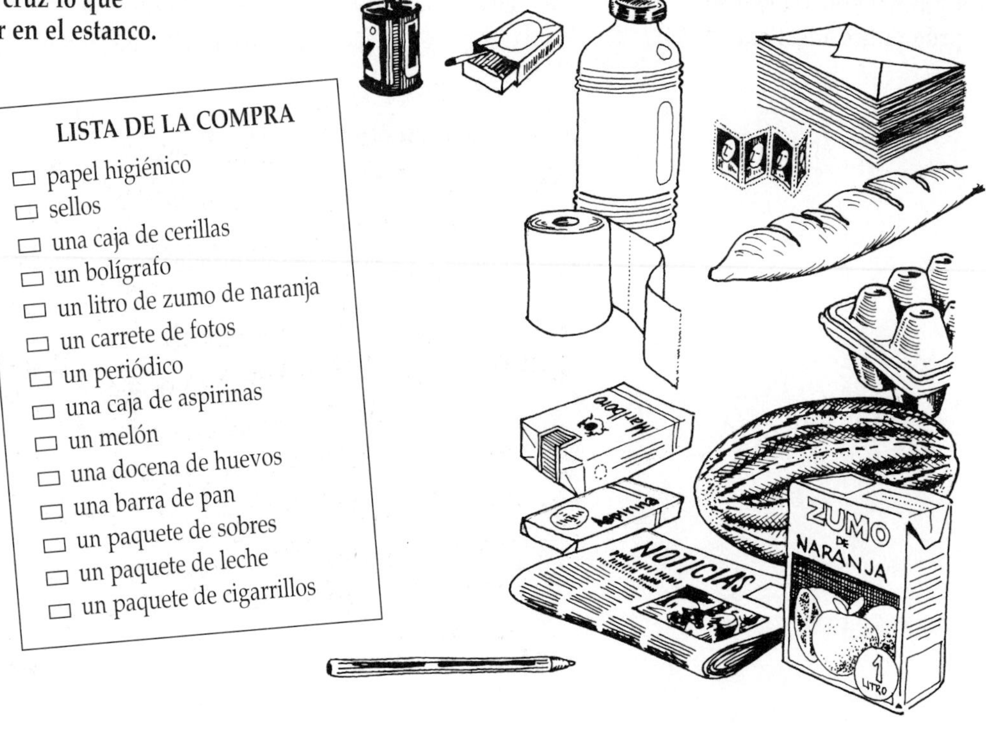

Después indica dónde puedes comprar el resto de cosas que aparece en la lista.

– *El periódico lo compro en el quiosco.*

– *El zumo de naranja lo compro en* ....

– *La barra de pan* ....

– *El paquete de cigarrillos* ....

– *El papel higiénico* ....

– *El paquete de sobres* ....

– *Los sellos* ....

– *La docena de huevos* ....

– *La caja de cerillas* ....

– *El bolígrafo* ....

– *El melón* ....

– *La caja de aspirinas* ....

– *El carrete de fotos* ....

– *El litro de leche* ....

10. Vas a leer una página del diario personal de Concha:

Querido diario:
Hoy no ha sido un día muy especial. Esta mañana me he levantado con pocas ganas de trabajar, la nueva novela me está volviendo loca. He ido a la piscina y he nadado un rato. Después he vuelto a casa, me he duchado y he desayunado. A las 10, más o menos, me he puesto a escribir. La hoja está en blanco. Media hora más tarde me ha llamado Pilar desde Alemania. Me ha dicho que está un poco nerviosa, porque cree que un hombre la sigue todos los días. Después de hablar con Pilar, he empezado mi novela.
Hasta mañana,
Concha

Ahora escribe tú la página de tu diario:

UNIDAD 12

¿QUÉ TAL LAS VACACIONES?

1. ¿Conoces Andalucía? Escucha este diálogo y sabrás algo más sobre esta bella zona de España. Complétalo.

▷ Ése es el viaje que siempre he querido hacer...

○ Sí, Andalucía es maravillosa, tiene un color especial...

▷ Cuéntame, ¿dónde .... ?

○ Está bien, desde el principio: Primero .... a Sevilla, fui en el AVE...

▷ ¿En qué?

○ En el tren de Alta Velocidad, el viaje dura sólo tres horas.

▷ Fantástico...

○ Allí .... un par de días y .... la Catedral, la Giralda y la Universidad, pero lo que más me .... fue callejear por los distintos barrios de la ciudad..., calles pequeñas llenas de flores y de color...

▷ ¿Y...?

○ De Sevilla .... a Granada y después, a Málaga... En Málaga .... tres días en la playa. Estuvo bien, pero es una zona demasiado turística. En Málaga .... un autobús hasta Almería y...

▷ ¿........................ a alguien interesante?

○ Pues...

2. Nos encontramos en la estación de tren. Escucha y completa la información:

¿Adónde quiere ir?	
¿Cuándo?	
¿Cuánto cuesta el billete?	
¿A qué hora sale el tren?	
Número de la vía:	

3. Completa los siguientes diálogos con las frases que aparecen en el recuadro.

A. ¡Hace por los menos tres meses que no voy al cine!

B. ¿Te acuerdas de aquella vez en que fuimos a Disney World?

C. Pues, mira, empecé a fumar cuando tenía 17 años...

D. ... lo dejé exactamente hace dos meses, tres semanas, cinco días y cuatro horas y media.

E. y nos gustó muchísimo.

F. Fue en Suiza, en una estación de esquí... Yo era monitor y María estaba de vacaciones.

1. ▷ ¡Oye!, me ha dicho Paco que el año pasado estuvisteis de vacaciones en Brasil...
○ Sí, ...
▷ Y fuisteis a las cataratas de Iguazú, ¿verdad? ¿En qué hotel estuvisteis?
○ Pues, si te digo la verdad, no me acuerdo del nombre.

2. ▷ ....
○ ¿En serio? ¡No me lo puedo creer! Yo voy casi todas las semanas...
▷ Y yo antes, también; pero ahora, con este nuevo trabajo, no me organizo nada bien la vida.

3. ▷ ¿Hace mucho tiempo que fumas?
○ ....

4. ▷ ....
○ ¡Claro, cómo iba a olvidarlo! ¡Nos lo pasamos tan bien!

5. ▷ Nunca me has contado cómo os conocisteis María y tú...
○ ....

6. ▷ ¡No me digas que ya no fumas! ¡Increíble!
○ Pues sí, ...

4. Si relacionas los elementos de las dos columnas, sabrás el significado de las siguientes expresiones.

1. *Ya, ya...*	**A.** Muy nervioso(a).
2. *¡Como un flan!*	**B.** ¿De verdad?
3. *¡Qué suerte!*	**C.** ¡Qué afortunado(a)!
4. *¡Qué va!*	**D.** ¡Estupendo! ¡Fantástico! ¡Maravilloso!
5. *¿Y eso?*	**E.** ¿Por qué? (Con matiz de sorpresa).
6. *¡Genial!*	**F.** Entiendo, no tienes que explicarme más.
7. *¿En serio?*	**G.** No.

5. Relaciona los verbos de las dos columnas.

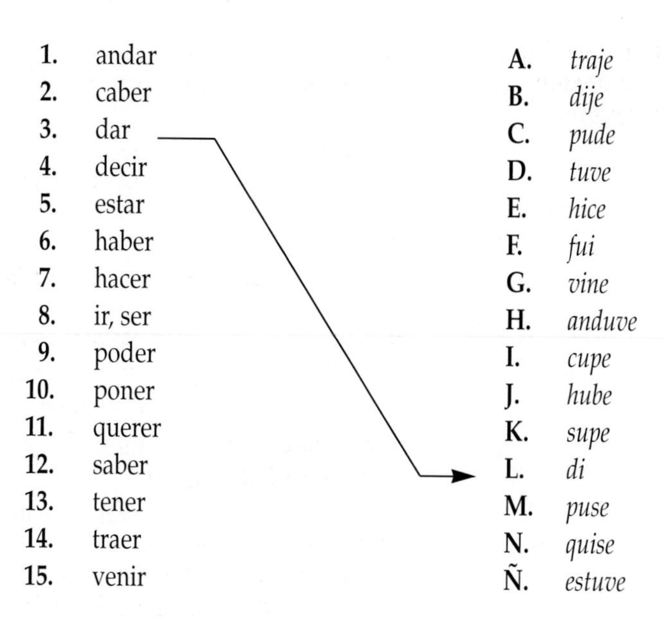

6. Ahora, conjúgalos para aprenderlos mejor.

andar	caber	decir	estar	haber*

hacer	ser	poder	poner	querer

ir	dar	saber	tener	traer	venir

7. Completa los siguientes diálogos con la pregunta adecuada al contexto.

1. ▷ ¿..?
   ○ ¿Las vacaciones? Estupendas.

2. ▷ ¿..?
   ○ El año pasado no pudimos salir de vacaciones... Fue una lástima.

3. ▷ ¿..?
   ○ A Cristina la conocí en una fiesta de la facultad.

4. ▷ ¿..?
   ○ ¿La última vez que fui a un restaurante chino? Déjame pensar... Creo que fue hace tres o cuatro meses.
   ▷ ¿Tanto?
   ○ La verdad es que sí.

5. ▷ ¿..?
   ○ Por lo menos, diez años. Hace tres años dejé de fumar durante un par de meses; pero después, empecé otra vez.

8. Nos encontramos en la estación de tren. Completa el diálogo con las siguientes palabras:

viaje
euros
descuento
ida
cuesta
vuelta
hora
billete

▷ Perdone, ¿a qué .... sale el tren para Sevilla?
○ Hay dos: el primero sale a las 13.00 y el segundo, a las 18.00.
▷ Pues déme un .... para el de la tarde, por favor.
○ ¿De ida y ....?
▷ No, solamente de .... ¿Cuánto ....?
○ Veamos... hoy es día azul, así es que tiene un .... del 20%... Cuesta 33 ....
▷ ¿A qué hora llega a Sevilla?
○ A las 21.00. Tarda tres horas.
▷ Muchas gracias.
○ A usted y buen ....

9. Completa con la preposición adecuada eligiendo entre las siguientes:

a

en

de

1. ▷ ¡Oye! ¿Cómo vas normalmente .... la facultad?
   ○ Normalmente voy .... pie, pero ayer fui .... metro; es que estaba lloviendo a cántaros.
   ▷ Pues yo prefiero ir .... autobús. El metro me da claustrofobia.
   ○ Sí, tienes razón, pero el metro es más rápido y seguro, ¿no?
   ▷ Posiblemente.

2. ▷ ¿Cómo vamos: .... metro o .... autobús?
   ○ Mejor .... autobús.

3. ▷ La semana pasada estuviste .... vacaciones, ¿verdad?
   ○ Sí, en realidad sólo cinco días.
   ▷ ¿Y dónde estuviste?
   ○ Fui .... la playa, ... la costa de Alicante..

10. Isabel estuvo en Alemania la semana pasada:

Jueves, 8 · Vuelo Lufhthansa 534 Stuttgart 20.00 h. Llegada a las 22.30

Viernes, 9 · Día en Friburgo. Visita a la Universidad.

Sábado, 10 · Día en Heidelberg. Visita al Castillo. Comida en un restaurante típico alemán. Por la tarde, compras.

Domingo, 11 · Día en Tübingen y Rothwild. Por la tarde, espectáculo en la Plaza Mayor de Tübingen. Por la noche, paseo en barco por el río.

Lunes, 12 · Vuelo Lufhthansa 536 Madrid 7.00. Llegada a las 9.30.

Escribe lo que hizo durante su viaje:

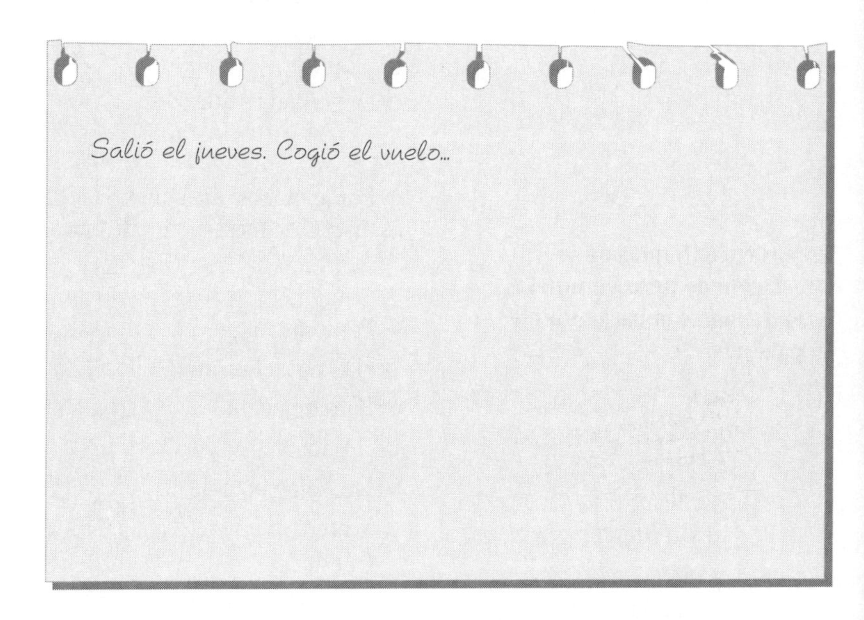

11. ¿Por qué no les dices a tus compañeros lo que hiciste la semana pasada?

12. ¡Qué suerte, estás de vacaciones! ¿Por qué no escribes una postal a tu familia y otra a un(a) amigo(a)?

Queridos Todos:

Un abrazo,

VIGO
Vista Parcial. En primer término el ayuntamiento.

Postales Fama, Vía Norte, 21 - Tels. 41 94 16 - 41 94 38 - Vigo

Print in Spain. Prohibida la reproducción
D.L. B. 2428 x

Querido/a

Besos,

VIGO
Vista Parcial. En primer término el ayuntamiento.

Postales Fama, Vía Norte, 21 - Tels. 41 94 16 - 41 94 38 - Vigo

Print in Spain. Prohibida la reproducción
D.L. B. 2428 x

UNIDAD 13

...PORQUE ÉRAMOS JÓVENES

1. Escucha y señala VERDADERO o FALSO

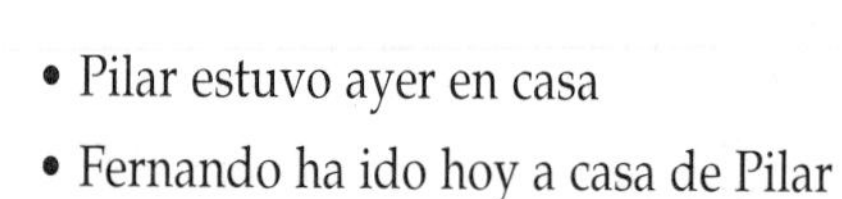

	V	F
• Pilar estuvo ayer en casa		
• Fernando ha ido hoy a casa de Pilar		
• Fernando le dio algo al portero		

2. Borja Adsuara Varela ha ido esta tarde a una entrevista para trabajar como profesor de español en el Instituto Cervantes de São Paulo. Toma nota de algunos datos de su currículum vitae.

CURRÍCULUM VITAE

DATOS PERSONALES

Apellidos: ....

Nombre: ....

Dirección: ....

Fecha de nacimiento: ....

Nacionalidad: ....

Estado civil: ....

DATOS ACADÉMICOS

Titulación: ....

Centro de estudios: ....

Calificación obtenida: ....

Fecha: ....

EXPERIENCIA LABORAL

Puesto de trabajo: ....

Centro/Empresa: ....

Fecha: ....

PUBLICACIONES:..

IDIOMAS

	Nivel Alto	Medio	Bajo
Español			
Inglés			
Francés			

OTROS DATOS DE INTERÉS: ....

....

....

3. **Completa los siguientes diálogos con alguna de las frases que aparecen en el recuadro.**

A. ¿Desde cuándo vives en España?

B. Enseñaba español en el Instituto Cervantes.

C. ¡Oye! ¿Cómo es que no fuiste a la fiesta hispana?

D. Casi cinco años.

E. ...ya tres meses en esta ciudad

F. ¿Y cómo es que no dejaste un mensaje en el contestador automático?

G. No, qué va, compartía un piso con otras tres profesoras: dos españolas y una chilena.

H. No, nací en México.

I. Es que acabé mi última clase a las nueve y media y me dolía mucho la cabeza. ¡La verdad es que estaba hecha polvo!

1. ▷ Usted no es española, ¿verdad?
○ .... ¿Lo dice por mi acento?

2. ▷ ....
○ Mis padres emigraron cuando yo tenía doce años, así que llevo ya media vida en España.

3. ▷ ¿Cuánto tiempo viviste en El Cairo?
○ ....
▷ ¿Y qué hacías allí? ¿A qué te dedicabas?
○ ....
▷ ¿Y vivías sola?
○ ....
▷ ¿Y qué hacíais los fines de semana?
○ Pues, no mucho, la verdad: preparábamos las clases, a veces viajábamos y aprovechábamos cualquier oportunidad para visitar a la familia.

4. ▷ ....
○ Pues, mira, porque me perdí...
▷ Pero si llevas ....

5. ▷ Ayer te llamé tres veces, pero no estabas...
○ ....
▷ Porque nunca me ha gustado hablar con una máquina.

6. ▷ ¿Cómo es que no fuiste a la cena del Departamento?
○ ....

4. **¿Puedes explicar para qué utilizamos estas expresiones teniendo en cuenta el contexto en el que han aparecido en el Libro del Alumno?**

1. *Pues mira...*	**1.** ....
2. *No, qué va.*	**2.** ....
3. *¡Suerte!*	**3.** ....
4. *Verá...*	**4.** ....
5. *Debo decir...*	**5.** ....

5. Completa los siguientes diálogos conjugando el verbo en el tiempo y forma apropiados: Elige entre pretérito perfecto, pretérito imperfecto y pretérito.

1. ▷ ¿Sí? ¿Dígame?
○ ¡Hola, Jesús!
▷ ¡Hombre! ¡Qué casualidad! (Ir, yo) .... a llamarte ahora mismo... Pero, ¿qué tal? ¿(Salir, tú) .... durante estas vacaciones?
○ Sí, (estar, yo) .... unos días en la playa... ¿Y tú? ¿Qué (hacer, tú) ....? ¿(Salir, tú) ....?
▷ Pues, mira, yo (quedarse) .... en casa, pero (descansar, yo) ...., (salir, yo) .... , (ir, yo) .... al cine..., en fin, que (disfrutar, yo) .... mucho de las vacaciones.

2. ▷ ¿(Estar, tú) .... alguna vez en Egipto?
○ Sí, (estar, yo) .... una vez hace muchos años, ya casi ni me acuerdo... (Ir, yo) .... con la gente de la universidad durante el último año de carrera y lo que recuerdo es que (hacer) .... mucho calor en todas partes...

3. ▷ ¿Cómo es que no (ir, tú) .... a la boda? Te echamos mucho de menos... (Ser) .... una ceremonia preciosa y la novia (estar) .... guapísima...
○ Es que me (llamar, ellos) .... para hacer una operación muy urgente en el hospital y cuando (terminar, yo) ...., era ya demasiado tarde.

4. ▷ El accidente (ser) .... hace tres años, ¿no?
○ Efectivamente...
▷ ¿Y qué (hacer, tú) .... después?
○ Bueno, (estar, yo) .... tres meses en el hospital y un año en rehabilitación.

5. ▷ ¿Durante cuánto tiempo (vivir, tú) .... en Brasil?
○ Casi cinco años.
▷ Mucho tiempo, ¿no?
○ Pues sí... Pero (tener, yo) .... una vida estupenda: (trabajar, yo) .... poco, (viajar, yo) .... mucho...

6. ▷ ¡Hombre! ¡Qué sorpresa! ¿Qué haces aquí tan pronto?
○ Es que (salir, yo) .... antes de clase porque la profesora (tener) .... una reunión.
▷ Pues, ¡qué bien!, ¿no?

7. ▷ ¿(Terminar, tú) .... ya de leer el periódico? ¿Puedo cogerlo?
○ Sí, cógelo.
▷ ¿Dónde lo (poner, tú) ....?
○ Creo que lo (dejar, yo) .... debajo de la cama...
▷ Sí, aquí está.

8. ▷ ¿Cuántos años (tener, tú) .... cuando (conocer, tú) .... a Jesús?
○ Sólo dieciséis y desde entonces y hasta ahora siempre (estar, nosotros) .... juntos.

6. Señala qué requisitos y cualidades son necesarios para conseguir los siguientes puestos de trabajo:

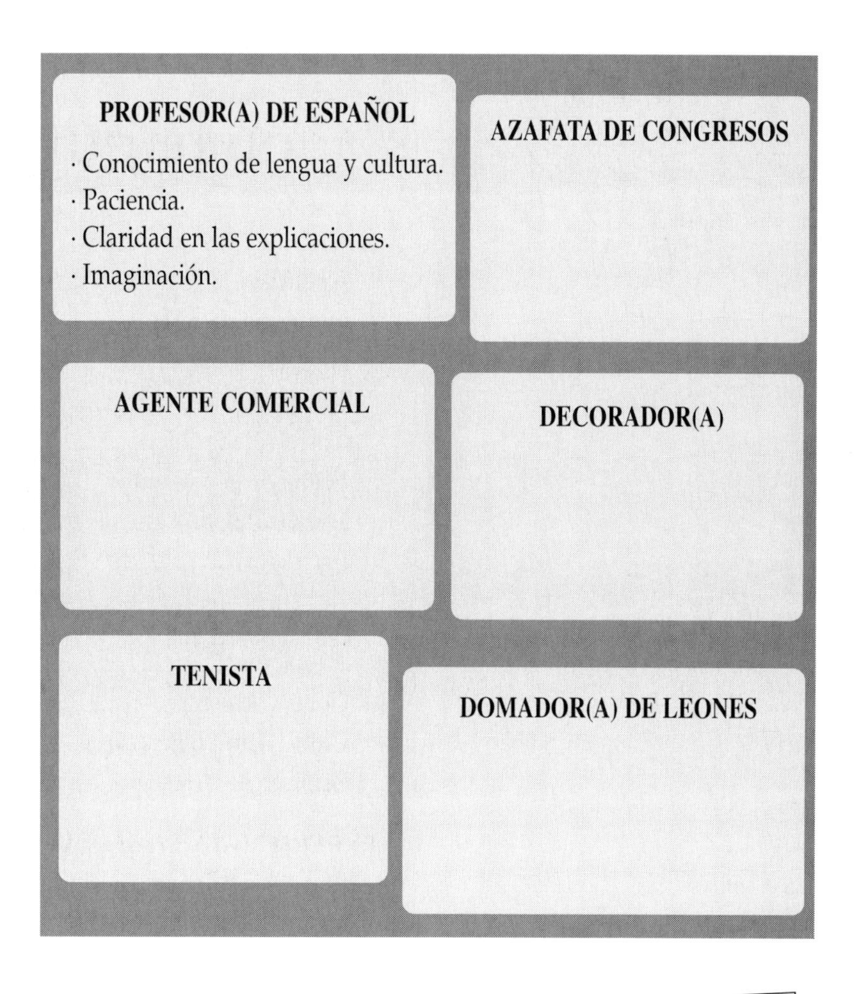

7. Ahora, elige uno de los puestos de trabajo de la actividad anterior y escribe una carta en la que te ofreces como candidato(a) y explicas los datos más significativos de tu *currículum vitae.*

Muy señor mío:

Mi nombre es: ....
....
....

Por lo que respecta a mi formación (académica), soy: ....
....
....
....

En cuanto a mi experiencia profesional, ...
....
....
....

Por último, creo oportuno hacer constar que ....
....
....
....

Atentamente,

8. Completa tu currículum vitae:

CURRÍCULUM VITAE

DATOS PERSONALES

Apellidos: ....

Nombre: ....

Dirección: ....

Teléfono: .... Fax: ....

Correo electrónico: ....

Fecha de nacimiento: ....

Nacionalidad: ....

Estado civil: ....

DATOS ACADÉMICOS

Titulación: ....

Centro de estudios: ....

Calificación obtenida: ....

Fecha: ....

EXPERIENCIA LABORAL

Puesto de trabajo: ....

Centro / Empresa: ....

Fecha: ....

AFICIONES: ....

....

....

IDIOMAS

	Nivel Alto	Medio	Bajo
Español			
Inglés			
Otros			

OTROS DATOS DE INTERÉS: ....

....

....

....

....

....

....

....

9. Quieres conseguir un trabajo como *au-pair* en España.

   Escribe una carta en la que expliques detalladamente los datos de tu currículum vitae y tus motivos para solicitar el puesto

D./Dña. ....

C/ .... nº ....

....

.... de .... de ....

Muy señores míos:

Atentamente,

UNIDAD 14 ¡PÓNGAME UNA CAÑA, POR FAVOR!

1. Eres un camarero muy eficiente, así es que toma nota de lo que este grupo de jóvenes va a tomar.

2. En este programa de radio nos van a explicar con mucho detalle cómo preparar una tortilla española. Toma nota.

Ingredientes:

- un cuarto de litro de aceite de oliva.
- tres patatas grandes.
- una cebolla.
- seis huevos.
- Sal.

3. Completa los siguientes diálogos con alguna de las expresiones que aparecen en el recuadro.

A. ¿Me dejas el periódico, por favor?

B. Sí, espera un momentito.

C. Creo que encima del frigorífico...

D. Ahora mismo... ¿Algo más?

E. ¿Podrías darme un cigarrillo, por favor?

F. ¡Claro, ábrela! A ver qué cuentan...

G. Pues, no, no está...

H. Sí, aquí está.

I. Lléveme al Museo del Prado, por favor.

J. ¡Alfonso, ponte al teléfono! ¡Es Isabel!

K. Lasagna, por favor.

L. ¿Sí?

M. Tráigame agua sin gas, por favor.

1. ▷ Póngame una caña, por favor.
○ ....
▷ No, gracias.

2. ▷ ....
○ Sí, toma. ¿Quieres fuego?
▷ Sí, gracias.

3. ▷ ¡Taxi!
○ (...) ¿Adónde vamos?
▷ ....
○ Muy bien... ¿Es la primera vez que visita Madrid?

4. ▷ ....
○ Sí, cógelo.
▷ ¿Dónde está?
○ ....
▷ No, encima del frigorífico no está...
○ Pues, entonces, mira debajo de la cama...
▷ ....

5. ▷ ¡Ring, ring!
○ ....
▷ ¡Hola, Ian! ¿Está Alfonso, por favor?
○ ....
▷ Gracias.
○ ....

6. ▷ ¿De segundo?
○ ....
▷ ¿Y para beber?
○ ....

7. ▷ Ha llegado una carta de los niños... ¿La abro?
○ ....
▷ ¿Dónde has puesto el abrecartas?
○ Creo que está al lado de la televisión...
▷ ....

4. Explica para qué utilizamos las siguientes expresiones, teniendo en cuenta el contexto en que han aparecido en el Libro del Alumno.

1. ¡Por supuesto!
2. ¡Claro!
3. Pues no sé.
4. Sí, ya lo sé.

1. ....
2. ....
3. ....
4. ....

5. **Estos son algunos consejos ecológicos. Completa con la forma adecuada del imperativo de la persona** ***usted:***

a. (Encender) .... *la luz cuando sea realmente necesario.*

b. (Ahorrar) .... *agua. No la gaste inutilmente.*

c. (Utilizar) .... *las papeleras de la ciudad.*

d. (Recoger) .... *los excrementos de su perro.*

Añade tú algunos consejos que creas fundamentales:

e. ....

f. ....

g. ....

h. ....

6. **Utiliza la forma apropiada del imperativo para las siguientes situaciones:**

1. Quieres pagar en un bar.

– ....

2. Quieres pagar en un restaurante.

– ....

3. Coges el teléfono.

– ....

4. Tomas un taxi y quieres ir al hotel Fénix.

– ....

5. Coges el teléfono. Preguntan por tu compañero(a) de piso.

– ....

6. Estás en la mesa y necesitas la sal.

– ....

7. Contesta a las preguntas utilizando algunas de las siguientes fórmulas:

- *¡Claro!*
- *¡Por supuesto!*
- *Sí, sí.*
- *No, lo siento.*
- *No, no se puede.*
- *Sí, claro.*
- *No, es que...*

a. ¿Puedes bajar el volumen, por favor? Estoy estudiando y no puedo concentrarme, ¿entiendes?

b. ¿Se puede fumar aquí?

c. ¿Puedo cerrar la puerta? Hay demasiado ruido...

d. ¿Puedes dejarme tu "boli" un momentito, por favor?

e. ¿Me dejas el periódico?

8. Estás en un restaurante y tienes los siguientes problemas. ¿Qué le dices al camarero utilizando una fórmula de cortesía?

¿Puede	+INFINITIVO?
¿Podría	

1. El aire acondicionado está demasiado fuerte y tienes frío.

2. La carne no está muy hecha.

3. En tu copa de vino hay un mosquito.

4. Quieres abrir la ventana más próxima a tu mesa porque tienes calor y el aire acondicionado no funciona.

5. La sopa está fría.

6. La carta está en español y no la entiendes.

7. Quieres fumar pero estás en una zona para no fumadores.

9. Mañana te vas de viaje a Alemania. ¿Qué cosas tienes que hacer antes?

Tengo que + INFINITIVO

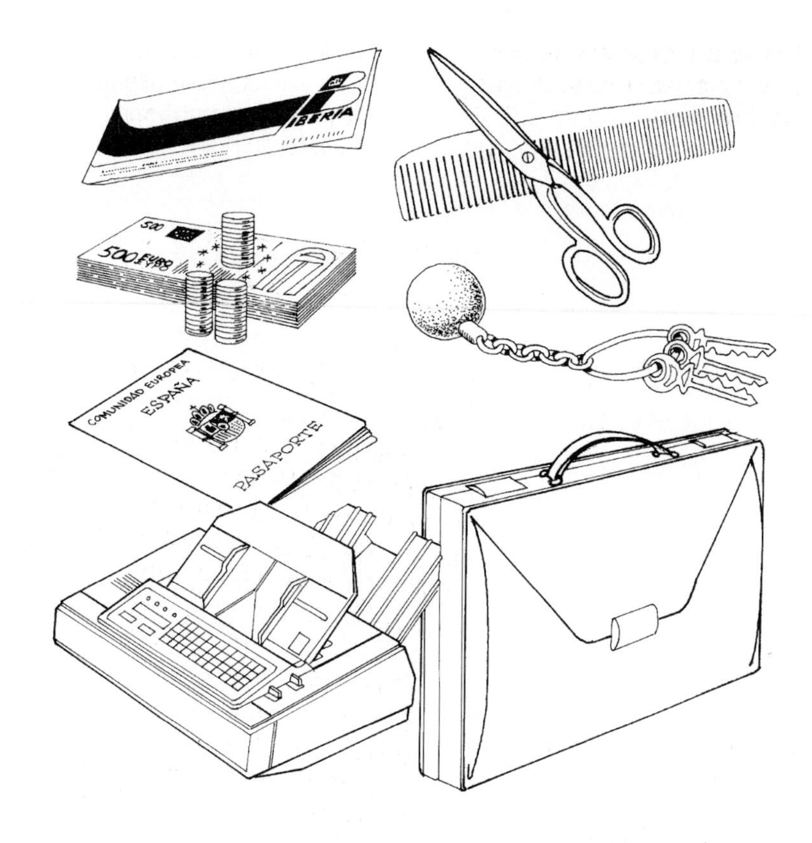

10. Escribe una nota para tu compañero(a) de piso que incluya, al menos, la siguiente información:

A. Explícale por qué no estás en casa.

B. Pídele los siguientes favores:

- *recoger un paquete en la oficina de correos,*
- *echar al buzón las cartas que están sobre la mesa,*
- *comprar leche y mermelada (de tu sabor favorito),*
- *llevar la chaqueta negra a la tintorería,*
- *llevar el carrete de fotos a revelar,*

C. Dale dos mensajes telefónicos.

D. Despídete.

11. **¿Es normal en tu país dar una propina después de recibir un servicio?**

La propina es una pequeña cantidad de dinero que damos cuando hemos recibido un servicio y estamos satisfechos con él. En todos los países del mundo es normal dar una propina en determinados lugares.

En España es normal dar una propina en bares y restaurantes; sin embargo, la cantidad no es fija. La cantidad que damos al camarero depende del servicio recibido y del total de nuestra consumición.

También es habitual dar una propina en un taxi, en la peluquería y en teatros y salas de música (al acomodador). En Navidad, todavía es frecuente dar una propina especial - a la que llamamos "aguinaldo"- al portero, al cartero, al butanero y a todas aquellas personas que durante el año realizan un servicio casi diario.

1. *¿En qué lugares es normal dar una propina en España?*

2. *¿Qué propina damos en un restaurante?*

3. *¿Qué es el* aguinaldo*?*

4. *Compara con tu país.*

TRANSCRIPCIÓN DE LAS GRABACIONES

UNIDAD 1

EJERCICIO 1:

Ventana; pizarra; borrador; mesa; silla; tiza.

Escucha otra vez, REPETIMOS:

Ventana; pizarra; borrador; mesa; silla; tiza.

EJERCICIO 2:

Escucha y completa la información:

- *Buenos días. ¿Es usted la señora Clemente?*
- *Sí, soy yo.*

- *Me llamo Alicia Gutiérrez y soy la secretaria del señor López.*
- *Encantada.*
- *Mucho gusto.*

- *¿Hablas español?*
- *Sí, un poco; tú también ¿no?*
- *Sí, pero no muy bien.*
- *¿Qué va! Hablas perfectamente.*

UNIDAD 2

EJERCICIO 1:

Escucha y escribe los números de teléfono:

Si desea usted llamar al extranjero, debe marcar primero el 00. Si necesita saber cualquier número, marque el 1003. Para su seguridad le damos los números de la policía y de la guardia civil, que son el 091 y el 062. Y si necesita un número extranjero, debe marcar el 025.

REPETIMOS:

Si desea usted llamar al extranjero, debe marcar primero el 00. Si necesita saber cualquier número, marque el 1003. Para su seguridad le damos los números de la policía y de la guardia civil, que son el 091 y el 062. Y si necesita un número extranjero, debe marcar el 025.

EJERCICIO 2:

Aquí tienes un sobre con el nombre y la dirección. Escucha la información y escribe los otros sobres:

El señor Orlando Mendoza Hurtado, que vive en la calle Misiones número 18, de Barranquilla, en Colombia, es el nuevo gerente.
La directora de ediciones es doña Luisa Moreno Sánchez, con domicilio en la avenida de la Paz número 24, de Madrid. El código postal es el 28039.

UNIDAD 3

EJERCICIO 1:

Escucha y toma nota de los horarios:

Bienvenidos, amigos, al club de vacaciones *Tiempo libre*. Tenemos el gusto de informar de nuestras actividades y de sus horarios:
Desayuno entre las 8 y las 10, 30.
Almuerzo entre la 1,30 y las 3,30.
Cena entre las 9,30 y las 11.
El servicio de cafetería está abierto las 24 horas.
Las actividades para los niños empiezan a las 11,15.
Nuestro programa de animación empieza todos los días a las 11.
Muchas gracias por estar con nosotros y ¡Felices Vacaciones!

EJERCICIO 2:

Completa la información según lo que oyes.

Con ustedes el programa de verano de Onda Cien. Les habla Julio Valle. Estamos a 10 de agosto, casi todo el mundo tiene vacaciones, pero hay gente que trabaja. Hoy estamos a la entrada de una fábrica y preguntamos a... por favor, ¿cómo se llama?

- *Alberto.*
- ¿Y qué hace aquí a las tres menos veinte?
- *Trabajar. Esta semana tengo horario de tarde, por eso empiezo a trabajar a las 3. Pero antes, voy a tomar un cafetito.*
- ¿A qué hora termina?
- *A las 10 o 10,15.*
- Y después del trabajo, ¿qué hace?
- *Voy a cenar con los compañeros a un restaurante que está cerca de la fábrica. Luego, a veces, tomamos una copa y nos vamos a casa. Normalmente, yo llego entre la una y las dos.*
- Muchas gracias, Alberto, y ¡buen trabajo!
- *De nada. Lo mismo digo.*

UNIDAD 4

EJERCICIO 1:

Escucha y escribe cada frase debajo del dibujo correspondiente:

a. *Quédese con la vuelta.*
b. *En mi país cuesta, más o menos, igual.*
c. *¡Qué baratos!*
d. *¿Cuánto cuesta un billete de avión Málaga - Madrid?*

EJERCICIO 2:

Escucha y apunta lo que quieren comprar los marqueses de Gastancho, el precio y sus exclamaciones.

Los marqueses de Gastancho piensan que la vida está por las nubes. Por ejemplo, un diamante no muy grande vale alrededor de dos millones de pesetas. ¡Qué barbaridad! La marquesa quiere regalar a su amado esposo un Rolex por su cumpleaños, pero cuesta casi medio millón de pesetas.
¡Es una exageración!.

Otro ejemplo: pasar la Nochevieja en un hotel de Marbella con cena y cotillón vale unas 750.000 pesetas. ¡Ya no se puede salir de casa!, ¿no creen?
El marqués de Gastancho dice a su esposa:
- *Mi amor, no puedo comprarte un nuevo coche deportivo, ¿sabes cuánto cuesta?*
- *No, cariño, -dice ella, muy triste.*
- *¡¡Quince millones de pesetas!! Este año vamos a ahorrar en serio.*
- *Es verdad, mi vida: ¡¡la vida está por las nubes!!*

UNIDAD 6

EJERCICIO 1:

A Javier le piden algunos datos personales para hacerse socio del Club Social de su ciudad.

- *¿Cómo se llama?*
- *Javier García.*
- *Perdone... ¿Su apellido?*
- *García Crespo.*
- *¿Cuántos años tiene?*
- *Cuarenta y dos.*
- *¿Está casado?*
- *Sí.*
- *¿Tiene hijos?*
- *Dos: Un niño y una niña.*
- *¿Qué edad tienen?*
- *El niño tiene siete años; y la niña, nueve.*
- *¿A qué se dedica?*
- *Soy médico.*
- *¿Dónde trabaja?*
- *En el hospital Moncloa.*
- *¿Y su esposa? ¿Qué profesión tiene?*
- *Es profesora, pero está en paro.*

EJERCICIO 2:

Escucha las frases e indica a qué ilustración corresponde cada una.

a. *Oye, ¿qué ponen ahora en la tele?*
b. *Mira, Ángel, este es mi hermano pequeño.*
c. *Mire, le presento al señor López.*
d. *Oiga, señorita, ¿Le puedo hacer una pregunta?*

UNIDAD 7

EJERCICIO 1:

Escucha y completa con VERDADERO o FALSO:

- *¿Puedo ayudarle en algo?*
- *Sí... mire, quería un vestido.*
- *¿Cómo lo quiere?*
- *Bueno... lo quiero largo y ajustado.*
- *¿De qué color?*
- *Gris o negro.*
- *Muy bien, aquí tengo dos modelos.*
- *Sí, este negro es muy elegante.*
- *Pase al probador. Está a la derecha.*
- *Gracias.*
- *¿Cómo le queda?*
- *Creo que un poco largo.*
- *Sí, ...a ver... ¿Está mejor así?*
- *Sí, muy bien. Me encanta. Me lo llevo. También quería ver unos zapatos.*

EJERCICIO 2:

Escucha las opiniones de los entrevistados. ¿Estás de acuerdo con alguno de ellos? ¿Qué opinas tú?

Entrevistador: ¿Ustedes creen que un hombre y una mujer pueden ser verdaderos amigos? ¿Existe una relación de amistad o siempre hay algo más... una atracción física, un poco de amor?

1. *Yo creo que la amistad es otra forma de amor. Y si un hombre y una mujer pueden amarse, también pueden ser sólo amigos.*
2. *No, no, yo opino que entre un hombre y una mujer que dicen que son amigos, siempre hay una pequeña o una gran historia de amor.*
3. *Yo no estoy muy seguro sobre ese tema. Creo que las opiniones de mis dos compañeros son muy categóricas, demasiado firmes, y cuando hablamos de amor y amistad, no existen nunca cosas seguras.*

UNIDAD 8

EJERCICIO 1:

Escucha y completa estos diálogos:

1. - *¿Qué te pasa? Tienes mala cara.*
   - *No sé, hija, me duele un poco la cabeza.*
   - *¿Por qué no tomas unas aspirina?*
   - *Sí, creo que voy a tomar una.*
2. - *¿Qué película ponen, Carmina?*
   - *Es "Pretty Woman", me encanta.*
   - *A mí, no. Es demasiado romántica.*
3. - *¿Sabes? El médico dice que tengo que fumar menos.*
   - *¡Claro! Es que dos paquetes de cigarrillos al día es mucho.*

EJERCICIO 2:

María vive con sus padres. Siempre la están llamando por teléfono, pero nunca quiere hablar. ¿Qué está haciendo en cada caso?. Escucha y completa.

1. - *María, el teléfono.*
   - *Ahora no puedo ponerme, estoy duchándome.*
2. - *María, te llaman otra vez.*
   - *No puedo ir, estoy viendo el final de una película muy interesante.*
3. - *María, por tercera vez, ahora es Pablo.*
   - *¿Pablo? No puedo ir, estoy vistiéndome.*
4. - *María, María, María, el teléfono.*
   - *¿Quién es, mamá?*
   - *No sé, no me importa.*
   - *Bueno, es que estoy haciendo una tarta y tengo las manos llenas de masa.*
5. - *María, por última vez, coge el teléfono.*
   - *No puedo, mamá, estoy buscando la maleta en la parte alta del maletero.*

UNIDAD 9:

EJERCICIO 1:

Escucha e indica a qué situación corresponde cada diálogo.

1. – Ring, ring, ring…
   – *¿Sí?*
   – *¡Hola! ¿Está Alfonso?*
   – *No, ha salido. ¿Quién eres?*
   – *Soy Pedro.*
   – *Le diré que has llamado.*
   – *Gracias.*
   – *¡Adiós!*
2. – Ring, ring
   – Pi… pi… pi… pi…
3. – Ring, ring…
   – *¿Dígame?*
   – *¿Puede ponerme con el señor González, por favor?*
   – *Lo siento, se ha equivocado.*
   – *¿No es el 567 98 36?*
   – *No, es el 567 89 36.*
   – *Perdone.*
4. – Ring, ring…
   – *¡Hola! Ahora no estamos en casa. Si quieres dejar un mensaje, hazlo cuando suene la señal. No olvides decir quién eres, y deja tu número de teléfono. Te llamaremos. Gracias.*
5. – Ring, ring…
   – *¿Diga?*
   – *¿Jesús, por favor?*
   – *¿De parte de quién?*
   – *Soy Isabel.*
   – *Mira, es que está en la ducha.*
   – *Bueno, llamaré más tarde.*

EJERCICIO 2:

Reacciona ante las siguientes llamadas de teléfono siguiendo las instrucciones.

1. *¡Buenos días, ¿Podría ponerme con el señor Gómez, por favor?*
2. *¡Hola! ¿Está María, por favor?*
3. *¿Cristina? Perdone… ¿Está Cristina?*
4. *¡Hola, buenas tardes! Quería hablar con la señora García, por favor.*
5. *Este es el contestador automático de la consulta del doctor Morillo. Nuestro horario es de lunes a viernes, de 10.00 a 14.00 por las mañanas y de 17.00 a 20.00 por las tardes. Si desea una cita, deje, por favor, su nombre y número de teléfono y nos pondremos en contacto con usted lo antes posible.*

UNIDAD 11

EJERCICIO 1:

Señala en esta lista de la compra lo que ha comprado Jesús a través del servicio telefónico del supermercado Expresso.

– *Supermercado Expresso, ¿en qué puedo ayudarle?*
– *¡Buenos días! Quería hacer un pedido para entregar a domicilio…*
– *¡Muy bien! Dígame su nombre y dirección.*
– *Soy el señor García. Y vivo en la calle Dalia, nº 112, 3º A.*
– *Muy bien, señor García, dígame qué le pongo…*
– *A ver… un paquete de pan integral, seis litros de leche, ocho yogures…*
– *¿Descremados?*
– *Sí, por favor.*
– *Ocho yogures descremados… ¿Qué mas?*
– *Dos litros de zumo de naranja, dos botellas de vino tinto de Rioja, una botella de vino blanco seco…*
– *Bien, ¿algo más?*
– *Sí, un kilo de naranjas, otro de limones, y dos de manzanas. También quiero cuatro kilos de patatas, uno de cebollas, dos de tomates y uno de plátanos.*
– *Lo siento, pero hoy no hay plátanos…*
– *Es igual, no se preocupe. Eso es todo. ¿A qué hora me lo traerán a casa?*
– *No puedo decirle una hora exacta, pero entre las seis y las ocho. ¿le parece bien?*
– *Muy bien, gracias. ¡Adiós!*
– *A usted. ¡Adiós!*

EJERCICIO 2:

– *Supermercado Expresso, ¿en qué puedo ayudarle?*
– *¡Buenos días! Quería hacer un pedido para entregar a domicilio…*
– *¡Muy bien! Dígame su nombre y dirección.*
– *Soy el señor García. Y vivo en la calle Dalia, nº 112, 3º A.*
– *Muy bien, señor García, dígame qué le pongo…*
– *A ver… un paquete de pan integral, seis litros de leche, ocho yogures…*
– *¿Descremados?*
– *Sí, por favor.*
– *Ocho yogures descremados… ¿Qué mas?*
– *Dos litros de zumo de naranja, dos botellas de vino tinto de Rioja, una botella de vino blanco seco…*
– *Bien, ¿algo más?*
– *Sí, un kilo de naranjas, otro de limones, y dos de manzanas. También quiero cuatro kilos de patatas, uno de cebollas, dos de tomates y uno de plátanos.*
– *Lo siento, pero hoy no hay plátanos…*
– *Es igual, no se preocupe. Eso es todo. ¿A qué hora me lo traerán a casa?*
– *No puedo decirle una hora exacta, pero entre las seis y las ocho. ¿le parece bien?*
– *Muy bien, gracias. ¡Adiós!*
– *A usted. ¡Adiós!*

UNIDAD 12

EJERCICIO 1:

¿Conoces Andalucía? Escucha este diálogo y sabrás algo más sobre esta bella zona de España. Complétalo.

– *Ése es el viaje que siempre he querido hacer…*
– *Sí, Andalucía es maravillosa, tiene un color especial.*

- *Cuéntame, ¿dónde estuviste?*
- *Está bien, desde el principio: Primero fui a Sevilla, fui en el AVE...*
- *¿En qué?*
- *En el Tren de Alta Velocidad, el viaje dura sólo tres horas.*
- *Fantástico...*
- *Allí estuve un par de días y visité la catedral, la Giralda y la universidad, pero lo que más me gustó fue callejear por los distintos barrios de la ciudad... calles pequeñas, llenas de flores y de color...*
- *¿Y?*
- *De Sevilla fui a Granada y después, a Malaga... En Málaga estuve tres días en la playa. Estuvo bien, pero es una zona demasiado turística. En Málaga cogí un autobús hasta Almería y ...*
- *¿Conociste a alguien interesante?*
- *Pues...*

EJERCICIO 2:

Nos encontramos en la estación de tren. Escucha y completa la información:

- *¡Hola, buenos días! ¡Dígame!*
- *Quería un billete para Barcelona. ¿Cuál es el próximo tren?*
- *El próximo sale a las 15.05.*
- *Déme un billete de ida y vuelta. Así sale más barato, ¿no?*
- *El billete de ida cuesta 3.500 ptas. y el de ida y vuelta, 6.500.*
- *Bien, uno de ida y vuelta.*
- *Tenga, el tren sale por la vía 10.*
- *Perdone, otra cosa: ¿lleva vagón restaurante?*
- *Sí.*

UNIDAD 13

EJERCICIO 1:

Escucha y señala VERDADERO o FALSO

- Ring, ring...
- *Este es el contestador automático de Pilar. Ahora no estoy en casa. Si quieres dejar un mensaje, hazlo cuando suene la señal. Gracias. Te llamaré, BIP, BIP, BIP...*
- *¡Hola! Soy Fernando. Ayer fui a tu casa pero no estabas, así es que dejé los libros en la portería. ¿Te los ha dado el portero? Espero que sí. Si no te los ha dado, pídeselos. Bueno, te llamaré el lunes otra vez. Un beso, adiós.*

EJERCICIO 2:

Borja Adsuara Varela ha ido esta tarde a una entrevista para trabajar como profesor de español en el Instituto Cervantes de São Paulo. Toma nota de algunos datos de su currículum vitae.

- *¡Hola! Vengo para hacer una solicitud...*
- *¿Cómo profesor del Instituto?*
- *Sí, eso es.*
- *Bueno, en primer lugar, vamos a rellenar una ficha con sus datos... ¿Su nombre?*
- *Borja.*
- *¿Apellidos?*
- *El primero, Adsuara; y el segundo, Varela.*
- *¿Me puede decir su fecha de nacimiento y nacionalidad?*
- *Soy argentino y nací el 19 de julio de 1965 en Buenos Aires.*
- *Muy bien... ¿Estado civil?*
- *Divorciado.*
- *¿Qué titulación tiene?*
- *Soy licenciado en Filología Hispánica y en Ciencias de la Información.*
- *¿Dónde estudió?*
- *En la Universidad de Letras de Buenos Aires.*
- *¿Habla portugués?*
- *Sí, y también inglés, francés y catalán.*
- *¿Ha trabajado antes como profesor de español?*
- *Bueno, trabajé tres años en la Universidad de Suffolk, EEUU, y dos en una escuela privada aquí en São Paulo.*
- *Bueno, pasaré su ficha al jefe de estudios y dentro de unos días le llamaremos para hacer una entrevista.*
- *Muchas gracias.*
- *¡A usted!*

UNIDAD 14

EJERCICIO 1:

Eres un camarero muy eficiente, así es que toma nota de lo que este grupo de jóvenes va a tomar.

- *A ver, ¡qué vais a tomar...?*
- *¿Tiene sangría?*
- *Sí.*
- *Pues, yo, una sangría.*
- *Yo, otra.*
- *Y yo, una más.*
- *A mí, póngame una cerveza.*
- *Otra, por favor.*
- *A ver, cuatro sangrías y dos cervezas... ¿Qué más?*
- *Perdone, pero no son cuatro sangrías, son tres...*
- *Vale, tres sangrías, dos cervezas...*
- *A mí, tráigame un vino blanco.*
- *Y para mí, otra cerveza, por favor.*

EJERCICIO 2:

En este programa de radio nos van a explicar con mucho detalle cómo preparar una tortilla de patatas a la española. Toma nota.

Hoy hemos dedicado nuestro programa a la Tortilla Española, un delicioso plato de realización muy sencilla. Todo lo que necesitas es un cuarto de aceite de oliva, tres patatas grandes, una cebolla también grande, seis huevos y sal. Y no olvides que el secreto de una buena tortilla es usar patatas muy frescas.

Primero, pela las patatas y la cebolla y córtalas muy finas. Después, calienta el aceite en una sartén y añade la patatas y la cebolla y cocina todo muy bien.

A continuación, bate los huevos en un recipiente y añade las patatas y la cebolla. Pon un poco de sal al gusto.

Calienta tres cucharadas de aceite en la sartén y añade la mezcla de huevos, patatas y cebolla.

Cocina unos minutos y dale la vuelta con la ayuda de un plato.

Cocínala unos minutos más y ... lista para comer.